CW01238291

VÄRLDENS ÄLDSTA TUGGUMMI?

VÄRLDENS ÄLDSTA TUGGUMMI?

ETT URVAL SPÄNNANDE ARKEOLOGISKA
FYND OCH UPPTÄCKTER SOM GJORDES
VID HUSEBY KLEV, OCH ANDRA
PLATSER, INFÖR VÄG
178 ÖVER ORUST

*Robert Hernek &
Bengt Nordqvist*

Riksantikvarieämbetet
BYRÅN FÖR ARKEOLOGISKA UNDERSÖKNINGAR

DENNA BOK ÄR UTGIVEN AV RIKSANTIKVARIEÄMBETET
BYRÅN FÖR ARKEOLOGISKA UNDERSÖKNINGAR
KUNGSBACKAKONTORET, TEL 0300–339 06, FAX 0300–339 01

VÄRLDENS ÄLDSTA TUGGUMMI?
ETT URVAL SPÄNNANDE ARKEOLOGISKA
FYND OCH UPPTÄCKTER SOM GJORDES
VID HUSEBY KLEV, OCH ANDRA PLATSER,
INFÖR VÄG 178 ÖVER ORUST
UPPLAGA 1:1
© 1995 RIKSANTIKVARIEÄMBETET
ISBN 91-7192-981-9

REDIGERING
Robert Hernek och Lena Troedson
GRAFISK FORM OCH LAYOUT
Lena Troedson
TECKNINGAR OCH RENRITNINGAR
Anders Andersson, där inte annat anges
FOTON
Namn anges vid bilderna
OMSLAG
Världens kanske äldsta tuggummi – en 9 000 år
gammal hartsbit med tandavtryck från "djupa gropen"
i Huseby klev. Foto Anders Nilsson, efter en bildidé av
Bengt Nordqvist
TRYCK
Bröderna Carlssons Boktryckeri AB, Varberg 1995, 3 000 ex.
ALLMÄNT KARTMATERIAL
från Lantmäteriet, medgivande 92.8017

Innehåll

7 Förord

Från Varekil till Ellös – en resa i tid och rum

11 Inledning

14 En bronsåldersgård i Ringseröd

19 En betydelsefull krukskärva

21 Spår efter Orusts äldsta innevånare

26 Har vi funnit platsen där man hittade Stalahackan?

31 Staladösen – ett välkänt monument från bondestenåldern

34 En kultplats vid Lunneslätt

39 Spår efter stenåldersbönder vid Tegneby prästgård

41 Små och stora hus från brons- och järnålder

45 En tillverkningsplats för flintyxor vid Månsemyr

Från en hundra år gammal spade till världens äldsta tuggummi

49 Kleven – en väg sedan urminnes tider

51 En dalgång full av snäckskal

55 Två gravar och en pilspets från järnåldern

60 Bronsåldersfiskare i Huseby klev

66 En kökkenmödding och en hydda från jägarstenålder

74 Ett vackert flintspjut från en översvämmad boplats

81 "Djupa gropen" – med fynd som fick Ellös omnämnt i världspressen

85 Ett jätteben i leran

87 Mängder med stora ryggkotor

91 Delfinjakten – en fantasiresa i tiden

99 Fiskben och fiskekrokar i mängd

107 Nordens äldsta människa

- 111 Människorna i Huseby klev
- 122 Världens äldsta tuggummi?
- 126 Olika typer av avtryck
- 129 Vad har hartsen använts till?
- 130 Vad vet vi om stenålderns båtar?
- 133 Kommer verkligen hartserna i Huseby klev från en båt?
- 136 Pollen i leran berättar om växtligheten i Huseby klev
- 138 Avslutning
- 139 Litteraturtips
- 140 Tidsskala

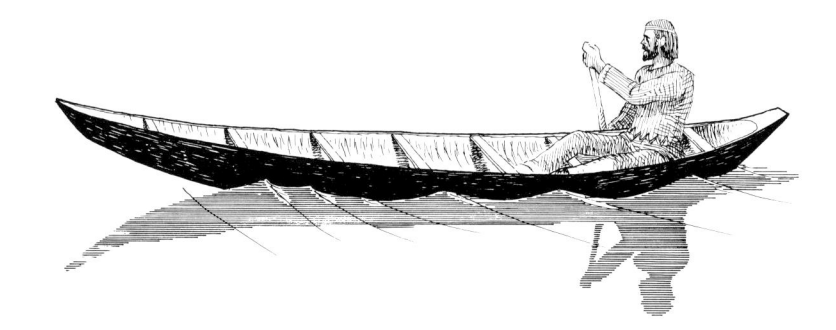

Förord

Genom de sensationella fynden vid Huseby klev på Orust fick de arkeologiska undersökningar, som gjordes under åren 1993–94 inför byggandet av väg 178, en uppmärksamhet som är mycket ovanlig när det gäller stenålderslämningar. Eftersom intresset har blivit så stort vill vi redan nu presentera utgrävningarna och lite mer i detalj beskriva omständigheterna kring fynden. Då efterarbetet av undersökningarna vid Huseby klev bara har påbörjats skall boken ses som en mycket preliminär redogörelse av vad som har framkommit hittills.

Huseby klev kommer för lång tid framöver att framstå som en av de viktigaste platserna när det gäller Europas äldsta historia. Detta inte enbart för att vi har hittat världens äldsta tuggummi, nordens äldsta människoben och vad som troligen är världens äldsta lämningar av en båt – lika viktigt är att Huseby klev har skapat möjlighet att ge en helhetsbild av landskapsutvecklingen och av hur människorna har levt ute på en kustboplats för ungefär 9 500 år sedan. Vi berättar också lite om de andra undersökningar som gjorts inför den nya vägen. Detta är grävningar som inte rönt någon uppmärksamhet i massmedia men vars resultat ändå i hög grad har bidragit till kunskapen om vår förhistoria.

Vi vill även passa på att tacka alla dem som på ett eller annat sätt har hjälpt till med undersökningarna. Det gäller såväl arkeologer och studenter som personal vid Vägverket och grävmaskinister.

*Från Varekil
till Ellös
– en resa i
tid och rum*

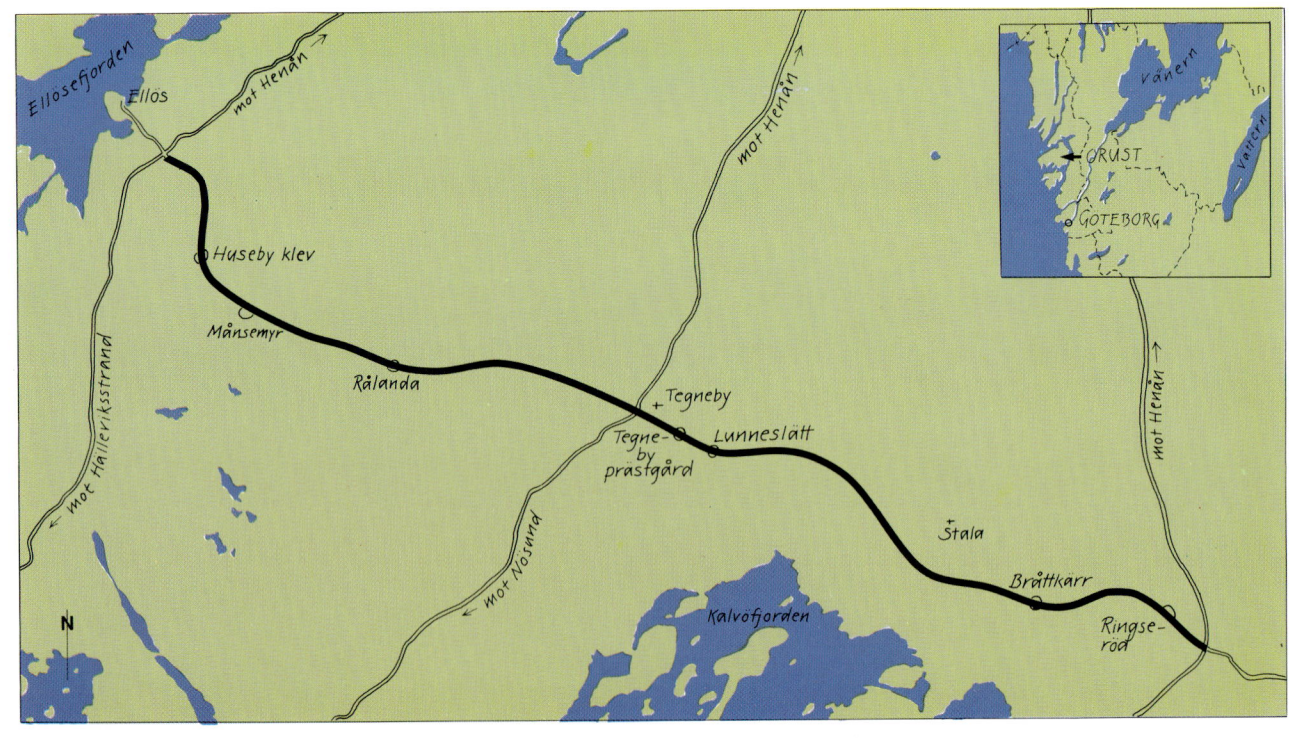

Figur 1 Den nya vägen över Orust med de olika undersökningsplatserna markerade.

Inledning

"Bland de svenska landskap, som äga en stenålderskultur, tillhör Bohuslän dem, som för arkeologen erbjuder det största intresse ... Dessa (Orust och Tjörn) höra också till en av de på stenålderslämningar rikaste trakterna i hela vårt land och det är troligt, att det inte blott är den bördiga natur, som just är utmärkande för dessa öar, utan framförallt kanske deras läge ute i havsbandet och de lätta förbindelserna inåt landet, förmedlade genom fjordarna, som gjort dem i så hög grad inbjudande för dem, vilka här först röjde bygd."
UR: ARVID ENQVIST "STENÅLDERSBEBYGGELSEN PÅ ORUST OCH TJÖRN" (1922)

"Jaså, ni har hittat flinta. Ja, ja, det finns ju överallt". Orden kanske faller lite olika men liknande kommentarer har vi ibland fått höra innan vi kom fram till Huseby klev. Att det finns flinta överallt är något vi inte riktigt vill hålla med om, men när det gäller Orust är påståendet i alla fall mer sant än på de flesta andra håll. Flinta finns faktiskt på väldigt många platser på ön. Med hänvisning till citatet ovan så har Orust inte bara väldigt många boplatser från stenåldern utan de täcker också in hela den flertusenåriga period som stenåldern har varat här i Norden. Ett flertal av öns boplatser är från en tid då östra Sverige, som för övrigt till stora delar ännu låg under

Bilden på sidan 9 visar skålgropshällen vid Lunneslätt med de vattenfyllda groparna, som återspeglar dagsljuset. Foto Bengt Nordqvist.

Inledning

vatten, överhuvudtaget inte hade besökts av människor. Flintan och spåren efter dessa, landets tidigaste innevånare, finns alltså inte alls överallt.

Sen är det ju också så att det inte i första hand är flintan i sig som är av intresse. Om det varit på det viset hade vi ju kunnat nöja oss med att plocka de många flintor som ligger ute i åkrarna. Flintan berättar mer när den ligger i orörda jordlager på stenåldersmänniskornas gamla boplatser. Tillsammans med olika analyser och andra iakttagelser i marken kan man får man veta oerhört mycket. Varje boplats är speciell – ingen är den andra lik – om inga arkeologiska undersökningar görs får vi inte någon vetskap om detta. Boplatserna är en kunskapsbank som våra förfäder har lämnat kvar. Huseby klev visade sig vara en sådan helt unik plats. Genom de erfarenheter som Kleven har gett oss kommer också möjligheterna att hitta liknande platser på andra håll i Bohuslän att öka.

Ingenting är ju gratis idag, och även arkeologiska undersökningar kostar en hel del. Deras värde är däremot inte helt lätt att översätta i kronor och ören. Kunskapen såväl som fyndmaterialet kommer att bestå även till kommande generationer. Egentligen är det ju i hög grad för våra barn som vi bevarar kulturarvet – det kan vara fornlämningar i ett kulturlandskap, men även byggnader, gamla bilar och båtar m.m..

Att Orust är så rikt på fornlämningar har gjort att ön mycket tidigt blev ett intressant område för "fornforskare". Under åren har också ett antal arkeologiska undersökningar gjorts på Orust. Intresset var till en början inriktat på de stora stenkammargravarna (megalitgravarna) som byggdes under bondestenåldern. Flertalet undersökningar har ägt rum innan man hade moderna analysmetoder till hjälp. När den nya Orustvägen skulle byggas gavs ett extra- ordinärt tillfälle att skapa en helhetsbild över den förhistoriska utvecklingen på ön. Den här gången var det vägens sträckning, inte arkeologerna själva, som bestämde vad som skulle undersökas.

Då vägen i stort sett sträcker sig tvärs över ön så går den också genom olika naturtyper och, vilket är viktigt i arkeologiska sammanhang, på skilda nivåer över havets yta.

De förhistoriska lämningarna kommer att presenteras i den ordning som de undersöktes vilket innebär att de olika avsnitten följer vägens sträckning, från Varekil i söder till Ellös i norr. På sidan tio finns en karta som visar den nya vägens sträckning över ön. Eftersom vi presenterar undersökningarna på detta sätt förflyttar vi oss ständigt mellan årtusendena och mellan olika arkeologiska tidsperioder. För att underlätta för läsaren finns en tidsskala sist i boken.

En bronsåldersgård i Ringseröd

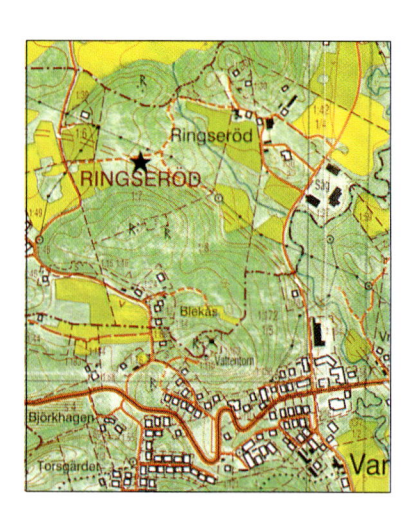

Redan uppe på krönet av den allra första backen direkt efter Varekil gjordes flera osedvanliga fynd. Det är ju så att Bohuslän är världsberömt för sina bronsåldershällristningar. Däremot vet man mycket lite om hur bronsåldersbondens gård såg ut och det var just resterna efter en sådan som vi hade förmånen att undersöka i Ringseröd (figur 2).

När man undersöker så stora ytor som det var fråga om i Ringseröd brukar man ta bort stora delar av matjorden med en grävmaskin för att komma ner till den sterila markytan. Först när detta var gjort kunde vi se huset. Det avtecknade sig som runda mörkfärgningar i marken. De mörka fläckarna var djupa gropar – rester efter de nedgrävda trästolpar som har burit upp husets tak. Med hjälp av stolphålen fick vi chans att återskapa husets utseende. Det visade sig slutligen att dess tak har vilat på åtta stycken kraftiga stolpar som stått i dubbla rader (figur 3). Huset har varit cirka 8x11 meter stort. Vid ena kortsidan fanns några smala avlånga gropar där breda plankor har suttit nedstuckna. Antagligen har husets ingång legat här.

Strax invid huset, där den nya vägen nu går fram, fanns det rester efter bronsåldersbondens plöjningar. När han stötte årderbla-

Figur 2 På krönet av en backe låg ett hus från bronsåldern. I bakgrunden i bildens vänstra kant ser man den bergsklack där skärvstenshögen var belägen. Foto Bengt Nordqvist.

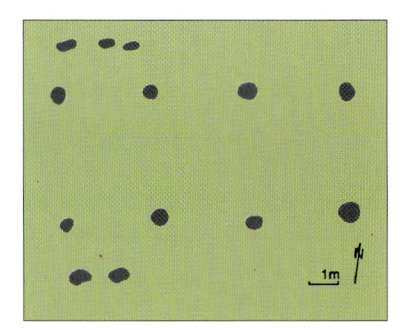

Figur 3 En planritning över bronsåldershuset i Ringseröd. Fläckarna markerar resterna efter husets takbärande trästolpar.

Figur 4 En hällristning från Kville i Bohuslän som visar hur en bronsåldersbonde plöjer med sitt årder.

det för djupt åstadkom han märken i den sterila sanden. Spåren visar att han har kört korsvis över åkern i sin ambition att röra om matjorden (det är först långt senare, då man börjar använda plog, som jorden vänds). Det finns ett antal bohuslänska, internationellt välkända, hällristningar som just visar hur bonden plöjde med sitt årder (figur 4). Ovanför årderspåren fanns ett svart jordlager som innehöll matrester, i form av brända ben, men även små skärvor från hushållskärl samt sot och kol från eldstäder. Mycket av avfallet har alltså kastats ut runt huset och på de omgivande åkrarna.

På bergskrönen intill platsen finns det ett par enklare gravar i form av små stenrösen, och på en liten bergsklack i närheten av den undersökta bronsåldersgården låg en tidigare känd fornlämning. Det var en rund stenfylld förhöjning som i fornminnesregistret hade betecknats som en grav. Undersökningen visade att detta var felaktigt och att det istället var fråga om en avfallshög som mest bestod av kol, sot och skärvig, söndersprucken sten (figur 5). Stenarna som sprängts sönder av hög värme har från början använts vid matlagning i kokgropar, i eldstäder, som värmekällor och annat. Lämningar av den här typen kallas för skärvstenshögar. I högen låg också en hel del föremål som trasiga keramikkärl, slipstenar, brända djurben, bränd lera, eldslagningsstenar och lite andra redskap som tillverkats av flinta. Även om boplatsen var från bronsålder så var det få redskap som tillverkats av brons. Man levde ungefär som på stenåldern.

Figur 5 Skärvstenshögen i Ringseröd under utgrävning. Arkeologen med skottkärrran har precis funnit flintor från de allra första Orustborna. Flintorna låg i sanden under den svarta jorden som man ser på bilden. Vägen går idag i den bakomliggande betesmarken. Foto Bengt Nordqvist.

Skärvstenshögar är ganska vanliga i östra Sverige medan man i hela Västsverige bara känner till ett tjugotal. Med tanke på att högarna mest innehåller avfallsmaterial är det lite märkligt att de vanligen har "byggts" med en sådan omsorg. Ofta är de helt runda och begränsas av en vällagd cirkel av större klumpstenar. Sophögen kan därför ha haft en symbolisk betydelse och kan också ha varit en ägomarkering som visat att området har använts under lång tid.

Figur 6 Kanske såg bronsåldersgården vid Ringseröd ut ungefär så här när den var i bruk. Akvarell av Anders Andersson.

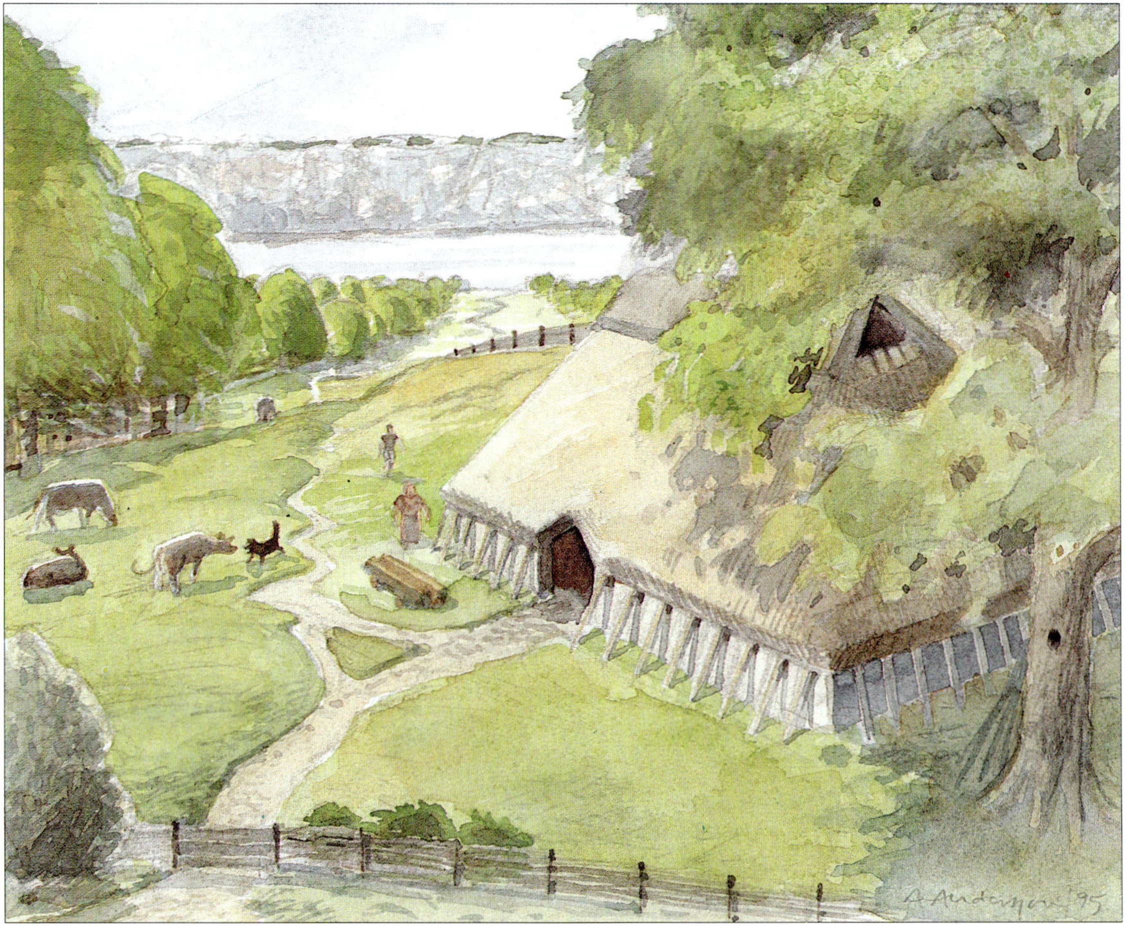
A Andersson '95

En betydelsefull krukskärva med fastbränd matskorpa

Föremålen som låg i skärstenshögen i Ringseröd ger oss en uppfattning om hur gammal denna bosättning var. En mer exakt åldersbestämning, framförallt av det lilla huset, kan vi göra på grund av en ödets nyck. För drygt 3 000 år sedan råkade någon av dess innevånare bränna vid maten, förmodligen till familjens stora bedrövan. Kanske den otursdrabbade i sin ilska kastade krukan så att den krossades. En av skärvorna hamnade så småningom i ett av stolphålen. Årtusenden gick och först när vi grävde ut platsen upptäckte vi stolphålet, och till vår glädje krukskärvan. Genom den bevarade matskorpan är det möjligt att på hundra år när bestämma skärvans ålder. Detta tack vare att tekniken att datera med kol14-metoden har utvecklats på ett sätt som man inte trodde var möjligt bara för några år sedan. Metoden bygger på att allt levande material innehåller en viss mängd av den radioaktiva kolisotopen kol14. När organismen dör sönderfaller isotopen med en känd halveringstid av 5 570 år. Genom att ta reda på den kvarvarande halten kol14 kan man alltså bestämma åldern. Förr mätte man dessa halter genom en långdragen kemisk procedur som krävde ganska stora mängder av det material som skulle dateras. Idag kan man istället räkna varje enskild kolatom, något som görs i en mycket tekniskt avancerad anläggning som kallas partikelaccelerator. Med denna analysmetod behövs bara ytterst små mängder material, som t.ex. lite fastbränd gammal mat på en keramikbit. Teoretiskt går det att datera så små mängder som finns i ett 4 mm långt blyertsstreck. Därför kan man idag även tidsbestämma förhistoriska klipp- och grottmålningar. Genom den förnyade metoden har kunskapen om till exempel Nordens stenålder tagit enorma kliv framåt bara under de senaste åren. I framtiden, säg om några hundra år, kommer det emellertid bara att vara möjligt att kol14-datera föremål som är äldre än 1945. Anledningen till detta är att sprängningen av den första atombomben rubbade radioaktiviteten runt hela jorden.

Det skall också nämnas att man skiljer på kol14-år och "vanliga" kalenderår. Under vissa tidsperioder, och det gäller speciellt stenåldern, behöver man lägga till ett antal kalenderår på kol14-resultatet (s.k. kalibrering). Detta beror på att halten av ämnet i atmosfären inte har varit konstant. De tidsuppgifter vi använder när det gäller stenålder i denna bok är angivna i kol14-år, och överensstämmer alltså inte helt med antalet "riktiga" kalenderår. De äldsta fynden från Huseby klev är i verkligheten mer än 9 500 år gamla även om vi anger tiden till drygt 9 000 år.

Spår efter Orusts äldsta innevånare

Innan vi hade grävt färdigt vid Ringseröd skulle platsen visa sig innehålla ännu en stor överraskning. I slänten ner mot Varekil, under det svarta jordlagret med bronsålderns matavfall, fann vi i den ljusa sanden spåren efter de allra tidigaste Orustborna. Fynden är ofattbara 10 000 år gamla. Det enda som hade bevarats från denna tidiga bosättning i havsbandet var flintan, som låg på ett sådant sätt att vi kunde se hur stenåldersmänniskorna har suttit och slagit flinta på fyra olika platser. Flintorna låg alltså kvar på ursprunglig plats och så väl samlade att man utan större svårighet kunde sammanfoga en hel del av flintan. På så vis kunde man efter alla dessa år rekonstruera flintsmedernas arbetssätt och intentioner. De hade huggit loss långa smala flintspån som de sedan tillverkat olika redskap av. När de hade valt ut de flintor de behövde fick resten ligga kvar. Av föremål från denna mycket tidiga bosättning hittade vi pilspetsar och en enkel variant av yxa, som kallas skivyxa. Av allt att döma har denna yxtyp fungerat som ett sorts universalredskap med många olika användningsområden (figur 8).

Boplatsen vid Ringseröd är tillsammans med en boplats i Nösund, och en högt uppe på Glimsåsbergen på norra sidan av Morlandadalgången, de äldsta man känner till på Orust. Tillsam-

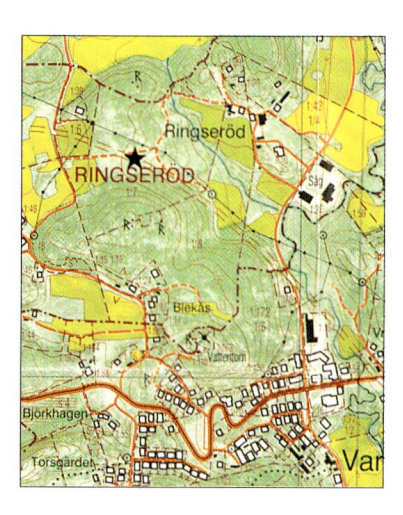

Figur 7 Det var ett kalt landskap som de första Orustborna kom till. Bilden är från Hermanös västsida. Foto Robert Hernek.

mans med ytterligare ett par platser är de de äldsta spåren som vi har av människor i Västsverige överhuvudtaget.

Den tidiga stenåldern är en mycket dramatisk period i vår historia. Då började inlandsisen smälta bort för gott och en värmeperiod tog sin början – en värmebölja som pågår ännu idag. Långsamt försvann istäcket från landområdet norr om Billingen och Vänern, en avsmältning som tog drygt 1 000 år innan isen till slut kollapsade uppe i Norrland.

När stenåldersjägarna levde vid Ringseröd fanns iskanten troligtvis någonstans i höjd med nuvarande Karlstad. Landskapet var vid denna tid mycket kargt. Det fanns inga större träd utan huvudsakligen buskar. De träd som fanns var björk och mindre tallbestånd i skyddade lägen. Djurvärlden var också mycket annorlunda jämfört med dagens – här levde arter som idag närmast återfinns på Grönland. Av stora däggdjur fanns huvudsakligen ren och älg. Renen tros vid denna tid ha rört sig över stora landområden. Under vissa delar av året fanns flockarna i våra trakter för att senare, likt dagens flyttfåglar, dra sig söderut till områden i norra Tyskland. De flesta av dagens djurarter hade ännu inte invandrat – först 500–1 000 år efter bosättningen vid Ringseröd anlände nya djurarter som uroxe, kronhjort, rådjur och vildsvin. Uroxen försvann sedan, troligen mycket på grund av ett hårt jakttryck, ungefär vid tiden då människorna övergick till att bli bönder.

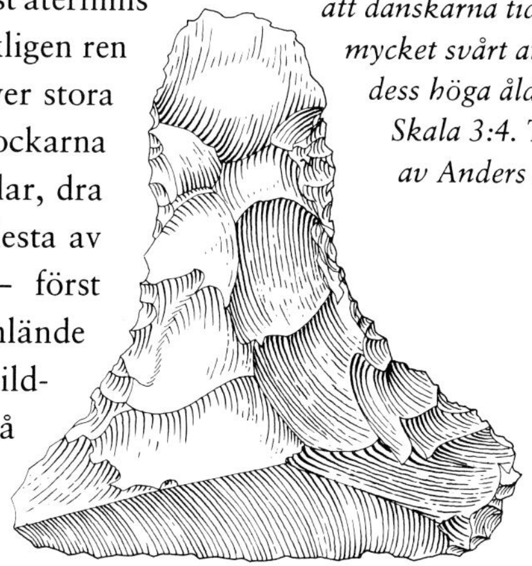

Figur 8 Ett av de äldsta stenåldersföremålen som hittats på Orust – en så kallad skivyxa – som kom fram under utgrävningen vid Ringseröd. Yxtypen finns även i Skåne och Danmark men märkligt nog dyker den upp där först ett par tusen år efter det att den har försvunnit för gott i Bohuslän. Detta faktum gjorde att danskarna tidigare hade mycket svårt att acceptera dess höga ålder i Bohuslän. Skala 3:4. Teckning av Anders Andersson.

Spår efter Orusts äldsta innevånare

Dåtidens Orust skiljde sig drastiskt mot dagens. Stora delar av den nutida ön låg under havsytan. Tänk på, när du står vid Ringseröd och tittar ut över dalgången i öster, att allt detta har varit täckt av vatten, och havets yta har befunnit sig 40 meter ovanför den nuvarande dalbottnen. Det landskap som människorna vid Ringseröd levde i påminde till stora delar om den ytterskärgård som finns idag. Landskapets omdaning var skönjbar för en generations människor. Under en period steg landet upp ur havet med en hastighet av upp till en meter på en mansålder! Detta trots de enorma vattenmassor som frigjordes ur de smältande inlandsisarna. Förutom inlandsisen i Sverige smälte också inlandsisen i Nordamerika vilket resulterade i att världshaven höjdes. I Bohuslän dränktes inte landområdet på grund av att den tidigare nerpressade berggrunden samtidigt steg för att återfå sin ursprungliga höjd.

Längre söderut i Europa, där landhöjningen inte var så våldsam eller inte alls existerade, översvämmades före detta landområden. Ungefär i trakten av Varberg går gränsen där den dåtida kusten numera återfinns under havets yta. Bohuslän tillsammans med Norge är därför det enda område i Europa där kustbosättningar från den äldsta stenåldern finns bevarade på land.

Vad levde människorna av vid Ringsröd för 10 000 år sedan? I Danmark och Nordtyskland har man funnit ben från ren och älg, som visar att dessa djurarter var viktiga i inlandsområdena. Både ren- och isbjörnsfynd har gjorts i skalgrusbankarna vid Kuröd i Uddevalla. Skalgrusbankarna bildades när enorma mängder smältvatten passerade genom sundet vid Uddevalla på väg ut mot Västerhavet. I den extremt näringsrika havsmiljön fanns en mycket varierad djurvärld – stora mängder fisk och havsdäggdjur som sälar och valar. Troligtvis är det främst olika havslevande djur som Ringserödsjägarna har levt av.

Har vi funnit platsen där man hittade Stalahackan?

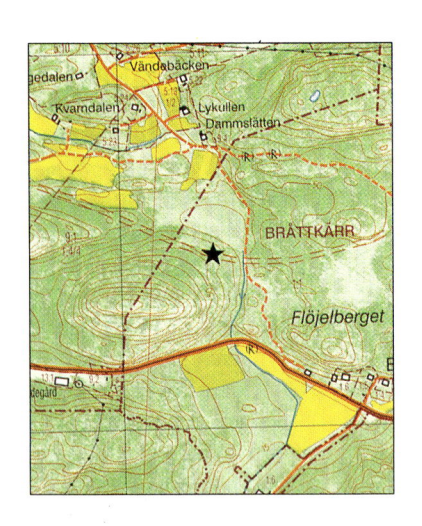

Fortsätter man vägen fram så passerar man ett stycke efter Ringseröd den riktigt gamla leden över Orust. Idag syns den bara som en enkel traktorstig söder om den nya vägen. Ytterligare en bit längre fram, efter en lång högerkurva, låg nästa undersökningsplats, vid Bråttkärr. Där fanns lämningar efter en cirka 8 500 år gammal stenåldersbosättning. Vägen går nu rakt över en terrass på vilken vi under utgrävningarna fann både flintspetsar och yxor.

Stenåldersmänniskorna hade valt en idyllisk plats att bosätta sig på. Hela området, med beteshagarna på höger sida om vägen, var då en lugn och skyddad havslagun. Ut till havet kom man genom en trång vattenpassage. Tack vare det höga Vetteberget, bakom den lilla terrassen, låg boplatsen i lä för västanvindarna.

Vad som gör området extra intressant är att ett av de finaste föremålen från Sveriges jägarstenålder har hittats här, någonstans på gården Bråttkärrs ägor – den unika Stalahackan av sten, som förr felaktigt kallades för torshammare (figur 9). Det finns en ganska lustig historia om hur denna hacka en gång kom till Göteborgs museum. Vi låter intendenten Gustaf Brusewitz själv berätta:*"I maj 1875, sysselsatt med att, enligt uppdrag, anordna en tillfällig utställning av fornsaker, i anledning af Svenska Fornminnes-*

föreningens väntade möte, fick jag besök af intendenten för museets naturhistoriska afdelning dokt. A. Malm. Han hade i sällskap med en annan herre, den han presenterade som Landtbrukaren hr Ekström från Torebo på Orust, tilläggande: han var närvarande då Thorshammaren af mig köptes, han och Holmberg, ... Saken var den: under min vistelse på Torebo kom en fru Schouba med piesen och ville sälja den. Båda ville ha den. Patron Bildt, Ekströms svärfader, skrattade. Tvisten slöts på så sätt, att mitt förslag, att hon (hackan) skulle säljas till den mest mestbjudande antogs. Ekström blef auktionsförrättare, men jag föresatte mig att i alla händelser gå högst. Holmberg skrek. Jag bjöd sluteligen 7 riksdaler. Holmberg grät. Jag fick honom".

Den gråtande Holmberg var för övrigt samme man som några år tidigare hade skrivit "Bohusläns historia och beskrifning" (1842–45).

Var är då hackan egentligen funnen? Kan det möjligen vara vid stenåldersboplatsen där vi gjorde våra undersökningar eller är det någon annanstans inom Bråttkärrs ganska stora domäner? Enligt museets anteckningar är hackan funnen "å Viddeberget". Fru Schouba har med andra ord uppgivit att den hittats på en plats som idag kallas "Bråttkärrs vette" – det berg på vilket vår stenåldersboplats var belägen. Nu börjar det bli intressant. Fynden från undersökningarna är just från den period av jägarstenåldern som man tror att Stalahackan kan dateras till. Hackan och stenåldersboplatsen är alltså samtida. Men var vid Bråttkärrs vette kan då

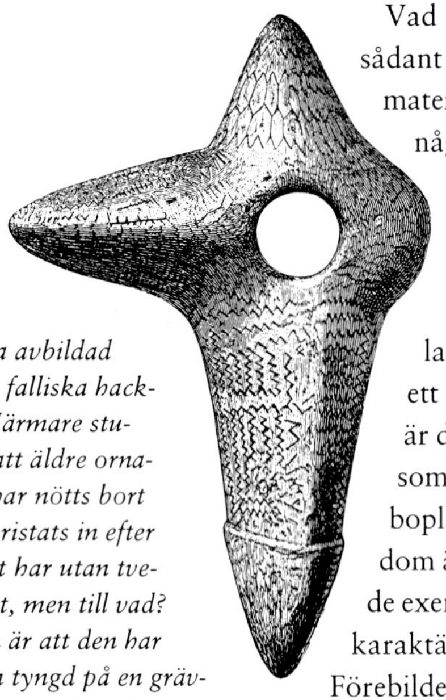

Figur 9 En ofta avbildad teckning av den falliska hackan från Stala. Närmare studium har visat att äldre ornamentik nästan har nötts bort och att nya har ristats in efter hand. Föremålet har utan tvekan varit använt, men till vad? Ett av förslagen är att den har fungerat som en tyngd på en grävkäpp, men det kan också finnas andra tänkbara användningsområden. Ur: Oskar Montelius, Minnen från vår forntid.

yxan ha hittats? Om man tittar närmare på berget så är det endast på den undersökta terrassen som det har varit möjligt att göra sådana fynd. Det finns inga andra åkrar eller liknande platser där marken har bearbetats. Det är därför högst troligt att vi inte bara hittat en stenåldersboplats utan också fyndplatsen för Stalahackan.

Vad är det då för speciellt med hackan? Föremålet som sådant är tillverkat av ett tämligen mjukt, täljstensliknande material. Man har gjort ett runt hål i hackans mitt med något vasst föremål, ett sätt att göra hål som skiljer sig från den teknik som man använde under yngre stenåldern. Eftersom denna typ av hacka har fyra armar brukar arkeologerna kalla den för korsformig hacka. Sådana hackor har också hittats i Dalsland, och framförallt i Norge – sammanlagt finns det ett 70-tal fynd. Men det som gör Stalahackan så speciell är dess vackert inristade mönster, och det är främst dessa som gör oss övertygade om att den är från samma tid som boplatsen. Det finns inte mindre än sju olika typer – ett av dom är ett sexkantigt nätmönster. Vi känner till ett liknande exempel från en nätsticka som är funnen i Bohuslän. Båda karaktäriseras av att två av strecken är längre än de andra. Förebilden kan mycket väl vara ett fisknäts mönster. Vinkellinjen, som är ett av de andra mönstren på hackan, känner vi igen från Huseby klev. Den finns på ett av flinteggspjuten som vi vet är minst 8 500 år gammalt. Vinkellinjen är svårare att förstå, men vi

Har vi funnit platsen där man hittade Stalahackan?

Figur 10 Hällmålningen vid Tumlehed. Bilderna på målningen är inte helt lätta att tolka men sannolikt är det fråga om båtar, delfiner, en kronhjort och ett fångstnät. När den upptäcktes av en fågelskådare 1974 var det den första hällmålningen som påträffats i södra Sverige. Upptäckten gjorde att man aktivt började söka efter dem, och idag känner man till ytterligare några stycken. Målningen är rödbrun vilket beror på att man har använt sig av en järnhaltig färg. Dess ålder är inte helt säkerställd men det mesta talar för att den är från jägarstenåldern. En sådan boplats ligger också bara 150 meter från målningen.

vet att den också förekommer på hällmålningen vid Tumlehed på Hisingen (figur 10). Den finns alltså på ett jaktredskap, som flint-

29

eggsspjutet, och på en hällmålning med jakt- och fångstmotiv. Kanske vinkellinjen inte är en avbildning av ett föremål utan istället beskriver en miljö, en omgivning, kanske kust och hav.

Man kan inte låta bli att fundera över vad hackan egentligen använts till? Förmodligen har den haft både en praktisk och en symbolisk funktion. Att den längsta korsarmen är utformad som en penis tyder på att den har symboliserat fruktbarhet. Det råder heller ingen tvekan om att hackorna åtminstone har använts till att banka med. Det är nämligen vanligt att en eller flera armar har krossmärken eller helt brutits av. Även Stalahackan har en sådan skada på en av tvärarmarna – en skada som sedan har jämnats till.

En tolkning av klippmålningen vid Tumlehed är att den föreställer en hjort som sitter fast i ett fångstnät. Efter det att djuret har trasslat in sig i nätet går stammens ledare fram, greppar efter sin korsformade hacka och krossar villebrådets skalle med ett välriktat slag.

Staladösen – ett välkänt monument från bondestenåldern

Ytterligare cirka en och en halv kilometer längre norrut finns en vägskylt med en kringla på, och texten "Staladösen". Graven som ibland också går under namnet Hagadösen har länge använts som det bästa exemplet på hur gravar från den tidiga bondestenåldern ser ut (figur 11). Den karaktäriseras av en kammare byggd med fyra resta stenar och en ovanpåliggande större häll. Runt om stenkammaren finns ett runt röse av knytnävsstora stenar. Dösen har ursprungligen varit avsedd för en enda person.

Vi vet att denna typ av gravar låg nära den dåtida havsstranden vilket idag kan vara svårt att förstå när de i många fall ligger helt utom synhåll för havet. Vid undersökningen av Staladösen 1915 fann man en stenyxa med skafthål, ett halssmycke av skiffer, en avlång spjutspets och en liten pärla av bärnsten. Bortsett från det sistnämnda föremålet tillhör fynden en något senare del av yngre stenåldern, vilket kan förklaras med att megalitgravarna användes som gravplatser flera hundra år efter det att de byggdes.

Vid Lunden, inte långt från Nösund, undersökte man år 1915 en annan megalitgrav. Tyvärr fick denna utgrävning ett mycket olyckligt slut då den stora takstenen föll ned och dödade den ansva-

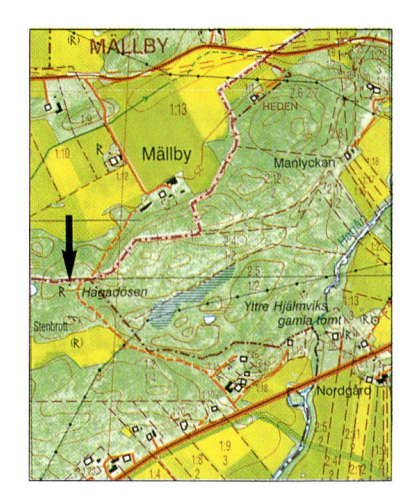

Figur 11 Den kända och ofta avbildade Staladösen. Dösen har ansetts höra till den äldsta typen av stenkammargravar. Detta är dock tveksamt åtminstone när det gäller Västsverige. Nya dateringar med hjälp av kol14-metoden tyder på att dösar och gångrifter är samtida. Den tredje typen av stenkammargrav, hällkistan, kom däremot i bruk först några hundra år senare. Detalj av Gustaf Brusewitz teckning från 1860-talet, ur Elfsyssel..

rige arkeologen, Vilhelm Ekman. Idag finns en minnessten rest på platsen.

Hur har dösarna fått sin form? En tolkning är att de kanske avbildar stenåldersbondens hus. Ur detta perspektiv bildar de "förstenade hyddorna" en länk mellan de levande och de döda. Den oförstörbara stenen i gravanläggningen kanske sågs som ett bevis på familjens besittningsrätt till området.

En av de få kända boplatserna på Orust med lämningar efter döstidens bönder fann vi vid Tegenby prästgård. Vi återkommer till den senare.

Orust har många megalitgravar, något som är märkligt när man betänker att de brukar användas som belägg för att människan har övergått från jägare till bonde. Det känns besynnerligt att dessa tecken på en jordbrukartillvaro är så pass vanliga i en miljö som främst präglas av kust och hav. Om man studerar gravarnas utbredning på en karta över ön ser man att de samlar sig i fyra områden. Eftersom boplatserna från denna tid, början av yngre stenålder, har varit svåra att finna undrar man om det var inom dessa fyra bygder som människan levde under bondestenåldern eller om de bara var centrum för de döda?

Spännande är att vi finner liknande gravar över ett mycket stort område i Europa, och att de började anläggas ungefär samtidigt över dessa gigantiska landområden – redan tusen år innan man börjar bygga pyramiderna i Egypten. Att bygga dösar och begrava den döde, är alltså inget unikt för Orust utan gemensamt för stora delar av Europa. De finns t.ex. i Portugal, Frankrike, Holland, Skottland och på Orkneyöarna. Det är inte utan att man undrar hur idén kring dessa gravar kunde spridas över så stora områden redan för fyra tusen år sedan. Däremot finns det, förutom en enda på Öland, inga alls i östra delen av Sverige.

En kultplats vid Lunneslätt

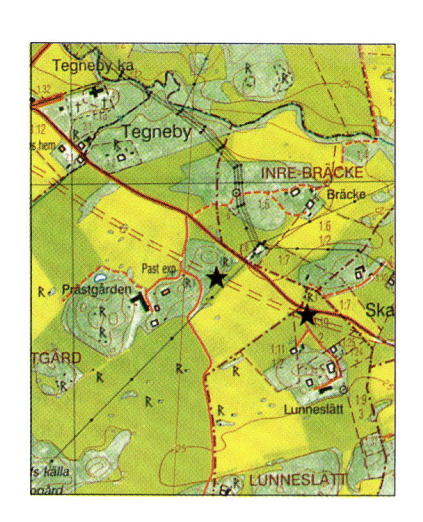

Ett par hundra meter före Tegneby prästgård ligger Lunneslätt där vår nästa undersökning ägde rum. Alldeles vid avfarten till Lunneslätt har man sprängt bort delar av ett mindre bergsparti som stack upp i åkermarken. Uppe på bergsklacken fanns en liten ansamling med fem stycken skålgropar. Om man bortser från detta slag av ristningar (små runda inhuggningar i berget) så saknas i stort sett andra typer på Orust. Detta står i skarp kontrast till Tjörn som har ett stort antal bronsåldersristningar med många olika figurer, som skepp, människor, djur, soltecken m.m. Men skålgropar finns det som sagt gott om, och speciellt många finns kring Tegnebyslätten. Det är inte ofta vi har möjlighet att som här vid Lunneslätt se vad som döljer sig invid dessa enkla inhuggningar. Det var därför med spänning som vi tog av matjordstäcket runtomkring hällen för att se vad som fanns i marken.

Först måste vi fundera lite kring vad skålgropar egentligen är för något, eller rättare sagt, vad vet man om dessa märkliga ristningar. Skålgropar eller älvkvarnar har inte bara tillkommit under bronsåldern – en del är från stenåldern. Ett exempel på en sådan fanns i en grav utanför Malmö. En av stenarna i stenpackningen kring den döde hade en skålgrop. Det är också klarlagt att några

Figur 12 Den märkliga rännan i Lunneslätt. Pinnarna markerar raden av stolphål som löpte utefter rännans norra sida. I den undersökta jorden från de fyrkantiga rutorna till vänster fanns rikligt med slagen kvarts. Kvartsen har haft en speciell betydelse under en stor del av vår förhistoria. Skålgroparna fanns på bergshällen längst fram i höger bildkant. Foto Robert Hernek.

skålgropar, såväl som vissa andra hällristningsfigurer, är från äldre järnålder.

Man har offrat i skålgropar under tusentals år – till och med in i historisk tid. Från förra århundradet finns det skriftliga dokument om människor som "offrade" ulltussar, mynt och smör i fördjupningarna. Det finns också sånger som skall ha sjungits av "kloka gummor" invid hällarna. Då människorna haft bekymmer har de försökt att muta eller hota det okända – allt för att få sina problem undanröjda. Men dessa seder har säkerligen mycket lite med groparnas ursprungliga betydelse att göra.

Det finns även andra tänkbara tolkningar av groparnas innebörd. I Nordtyskland finns hypotesen att själva gropen inte var viktig. Däremot kunde stenpulvret som knackades loss ansetts ha speciella egenskaper på grund av platsens kraft. Andra har framfört åsikten att det är själva knackandet i hällen som har varit det intressanta. Vi kan på figurristningar i Tanum se att skålgroparna har placerats på olika sätt i förhållande till människor och skepp. Groparna kan därför ha haft flera innebörder. Under de figurer som tolkas som kvinnor finns ibland en skålgrop inhuggen, kanske som en könsmarkering. På en häll finns två yxbärare som höjer yxorna mot varandra och mellan dessa finns en lång rad med skålgropar som skiljer yxmännen från varandra.

Om vi återgår till Lunneslätt så visade undersökningen att man troligen haft någon form av religiösa ceremonier vid skålgropshällen. Alldeles nedanför den låg det stora mängder med krossad vit kvarts. Just krossad kvarts är en vanlig företeelse i bronsålderns gravar men flera exempel visar att även denna tradition har funnits under vitt skilda tidsperioder. Den vita stenen har således hittats i samtliga undersökta dösar i Bohuslän och finns också i en del vikingatida gravar i Halland. Vilken betydelse kvartsen har haft har dock för länge sedan fallit i glömska. En märklig upptäckt var också en flera meter lång och cirka 30 centimeter bred ränna som löpte ut från själva skålgropshällen (figur 12). Längs rännans ena sida fanns med en dryg meters mellanrum, avtryck efter stående stolpar. I rännan påträffades en hel del keramik, brända ben, sländtrissor och degelfragment. Deglar som sannolikt har använts vid bronsgjutning. Föremålen har genom kol14-analys daterats till tiden kring Kristi födelse. Eftersom det inte fanns någon parallell ränna, som skulle kunna vara resten efter en andra vägg till ett hus, kan den istället vara resten efter någon slags hägnad. En något fantasifull tolkning är att en sådan hägnad kanske skulle förhindra att "menigheten" fick inblick i de religiösa ceremonier som dåtidens präster höll invid skålgropshällen.

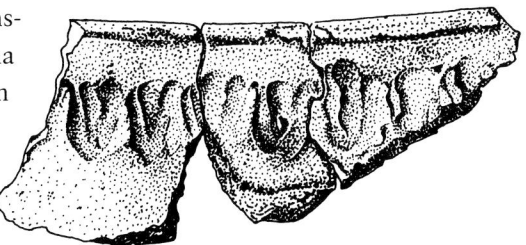

Figur 13 En keramikskärva från järnåldern som hittades i en härd vid Lunneslätt. Skala 1:1. Teckning av Anders Andersson.

Förutom skålgroparna och rännan fanns det i området flera olika typer av gropar i marken, såsom kokgropar, härdar, ytterligare rännor, stolphål m.m. Flertalet av dessa var från järnåldern.

I en av eldstäderna låg delar av en så kallad eldbock, ett föremål som närmast kan liknas vid en tegelsten i keramik. Vad de exakt har använts till är osäkert, men de påträffas vid eldstäderna i hus från denna tidsperiod. Troligtvis har de haft en funktion vid själva matlagningen eller som värmeplatta. Vissa eldbockar som har små uppstickande "horn" har tolkats som hållare för stekspett.

Spår efter stenåldersbönder vid Tegneby prästgård

Nästa undersökningsplats låg inom bekvämt gångavstånd från Lunneslätt, alldeles i närheten av Tegneby prästgård. Hela området kring Tegneby är mycket rikt på fornlämningar från i stort sett alla tidsperioder. Enligt traditionen skall också Tegneby kyrka vara den första kristna helgedomen på Orust. Själva utgrävningsplatsen låg vid norra foten av det bergsparti som vägen nu skär rakt igenom. Strax intill vägens högra sida ligger på toppen av berget en förhistorisk grav av typen stensättning. Just sydöstsluttningen längs denna lilla höjdrygg och bergskrönet har varit flitigt använd under hela förhistorien. Gång på gång har människor återkommit till denna plats. De äldsta fynden, som är från bondestenålder, låg på en liten terrass strax nedanför graven.

Vi nämnde tidigare att det har varit svårt att hitta platserna där dösbyggarna bodde och just därför var upptäckten vid Tegneby prästgård speciellt intressant. I Skåne och Danmark är den här tidens boplatser ofta ganska stora till ytan. De få som hittills har hittats i Bohuslän har däremot varit ganska oansenliga, en kontrast till de stora gravmonumenten. Stenåldersbonden förefaller att ha bott tillsammans med ett fåtal familjer i enkla hyddor eller hus. De

Figur 14
Några dekorerade keramikskärvor, från yngre stenåldern, som hittades vid Tegneby prästgård. Skärvorna kommer från en typ av kärl som efter formen kallas för trattbägare. Skala 1:1. Teckning av Anders Andersson.

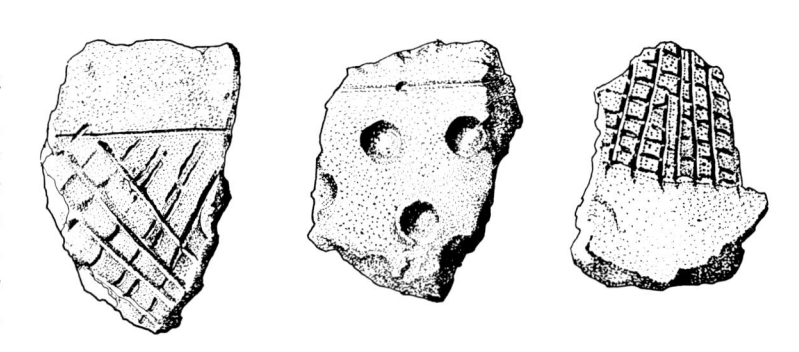

har, förutom sedvanliga flintredskap, lämnat keramik efter sig. Vissa av kärlen har varit stora och trattformiga med en mycket vacker dekor i form av streck, vinkellinjer, kryssmönster m.m. på buken.

Mönstren ristades in på kärlet när leran fortfarande var fuktig och elastisk. Dekortypen fanns under några hundra år för att sedan försvinna. Vi vet att man dekorerade kärlen på samma sätt i ett område som sträcker sig från södra Norge ner till Holland och Nordtyskland. En naturlig fråga är varför kärlen dekorerades med dessa ristningar? En spännande idé som har framförts är att de återger textilmönster. Vissa likheter finns med bevarade stenålderstextilier från Schweiz. Kanske är det kvinnoklädernas mönster som kommer igen på lerkärlen. Just den dekorerade keramiken är en viktig informationskälla där man kan se att vissa stilar är gemensamma för stora regioner medan andra kan variera från by till by.

Små och stora hus från brons- och järnålder

Vid Tegneby prästgård fanns också lämningar från slutet av bronsåldern. En sådan var en märklig samling stolphål som bildade en fyrkant med sidor om fyra meter. I dess mitt fanns en större grop. Överst i gropen och i stolphålen fanns bränd lera och lerklining. Troligtvis var det resterna av en byggnad vars väggar bestått av vidjekvistar som täckts med lera. I huset fanns också tidstypisk keramik – från stora förvaringskärl som på utsidan slammats med lervälling och därefter dekorerats genom att fingrarna dragits längs deras sidor.

Trots att bara stolphålen fanns bevarade har vi ändå en aning om hur övriga delar av husen har sett ut då det från bronsålder finns exempel på gravkärl som efterliknar den tidens byggnader. Det lilla huset vid Tegneby prästgård kan knappast ha varit en bostad utan har förmodligen haft en annan funktion, som smedja eller något liknande. De andra husresterna, minst fyra till antalet, var något yngre. Husen avtecknade sig genom både stolphål och rännor och de låg delvis över varandra på ett sådant sätt att man kan utesluta att de har stått på platsen samtidigt. Det tydligaste huset har varit cirka 15 meter långt och haft en bredd av 5 meter. Taket har burits

Figur 15 Grävningsplatsen vid Tegneby prästgård. Pinnarna markerar stolphålen till ett litet fyrkantigt hus. Husets funktion är oklar men det kan knappast ha varit fråga om ett bostadshus. Foto Bengt Nordqvist.

upp av kraftiga stolpar. Inne i huset återfanns vid utgrävningen en en välbevarad eldstad. Fynden var ganska få och bestod mest av keramik och någon vävtyngd.

För 15–20 år sedan fanns i stort sett ingen kunskap om hur de forntida husen såg ut. Idag är det annorlunda. Nya undersökningsmetoder där man med grävmaskin frilägger mycket stora markytor har gjort att mängder av förhistoriska hus, framförallt i Halland, Skåne och Danmark, blivit kända. Eftersom det oftast bara är själva stolphålen som finns bevarade är det svårt att få en uppfattning om hur husen egentligen har sett ut. Just under vikingatid är det något lättare eftersom det finns avbildningar av hus. På mynt från Hedeby (den vikingatida staden vid Schleswig i Nordtyskland) ser man t.ex. kortsidan av en byggnad, med välvt tak och stora djurhuvuden ytterst på gavlarna. Det finns ett reliktskrin, det s.k. Camminskrinet, som är format som ett hus. Skrinet visar att taken sluttade ner också mot gavelsidorna, och att gavlarna hade utstickande djurhuvuden. "Svinryggsstenar" från norra England avbildar liknande hus, där man även kan urskilja spåntäckta tak och flätverksväggar. Tillsammans med våra torftiga stolphål kan dessa pusselbitar ge en god uppfattning om vikingabostädernas utseende.

Om man lämnar området vid prästgården och fortsätter resan mot Ellös så kommer man, en liten bit efter vägkorsningen till Nösund, till platsen för en nu borttagen men nyligen funnen ristning. Den hittades av en intresserad privatperson efter det att berget hade frilagts för sprängning. På hällen fanns två skålgropar och två

Små och stora hus från brons- och järnålder

avlånga fördjupningar (figur 16). Även om tolkningen kan synas långsökt så föreställer sannolikt de sistnämnda fotsulor. Detta är ett välkänt hällristningsmotiv som ibland har just den otydliga formen som vid Tegneby.

Om man från denna plats tittar åt höger ser man ett bergsparti en knapp kilometer bort. Här uppe på höjden vid Kallefors hittades 1935 en "myntskatt", något som är ovanligt i Bohuslän. Det var under en dikesgrävning som fyra mynt plötsligt upptäcktes. Tre av mynten är västeuropeiska medan det fjärde är en kopia av ett arabiskt mynt.

Fortsätter man sin färd ytterligare en knapp kilometer ser man en stor gravhög uppe på en bergsknalle. Högen är ovanligt stor,

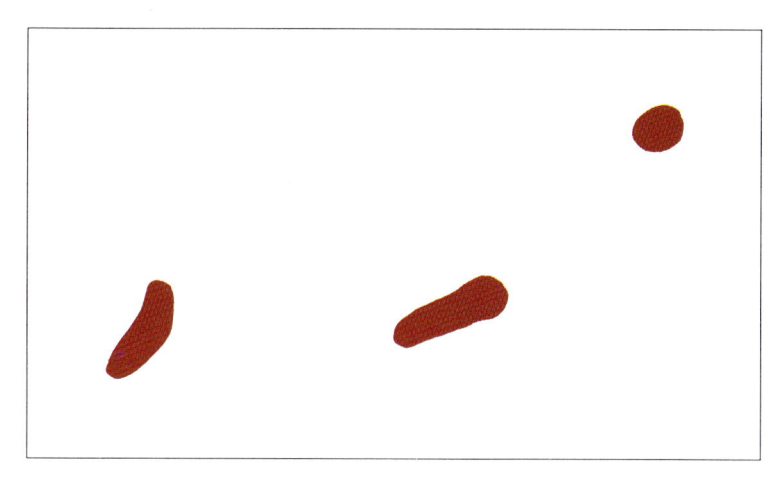

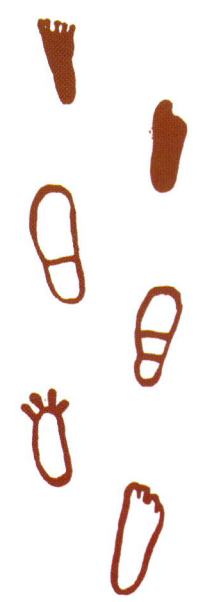

Figur 16
En nyfunnen hällristning som låg i vägens sträckning ungefär vid vägkorsningen i Tegneby (efter dokumentation av Bohusläns museum). De avlånga fördjupningarna är sannolikt s.k. fotsuletecken. Att fotsulornas utseende kan variera betydligt visas här intill med ett urval fotsuletecken från dalsländska hällristningar.

43

26 meter i diameter och 2,5 meter hög. Här ligger säkert en storman från järnåldern begravd. Vid täckdikning i åkermarken nedanför fann man i början av 1960-talet flera enkla gravar i form av krukor som innehöll brända ben.

Det var först när vi närmade oss Rålanda, efter ytterligare ett par kilometer, som vägen berörde nya förhistoriska lämningar. Vid avfartsvägen till Nösund grävde vi resterna efter ett par hus, gropar med keramik och även här resterna efter en skärvstenshög. Troligtvis var det återigen lämningar efter en bronsåldersgård. Spåren efter den hade emellertid blivit svårt sargade av århundradenas eviga plöjande. Matjorden hade inte varit tillräckligt tjock för att kunna skydda de underliggande lagren med förhistoriska lämningar.

En tillverkningsplats för flintyxor vid Månsemyr

Efter Rålanda går vägen genom ett skogsområde som är betydligt fattigare på fornlämningar. De som finns är av typen små rösen och stensättningar som ligger uppe på bergskrönen. När vi kommer fram till Månsemyr och avtagsvägen till avfallsanläggningen så är vi på den högsta punkten längs vägen – drygt 80 meter över dagens havsyta. För 13 000 år sedan låg havsytan istället 30 meter ovanför oss och bara kusten var isfri. Största delen av Sverige täcktes av kilometertjock is. Från denna istid finns i Månsemyr rester av snäckor och musslor. Skalen från Månsemyr har tidigare, i ett helt annat sammanhang, kol14-daterats och visat sig vara 13 000 år gamla. Några spår av människor från så avlägsna perioder har vi ännu inte funnit i Västsverige men man kan inte helt utesluta att enstaka små grupper av människor tillfälligt vistats här redan då.

Visst fanns lämningar från stenåldern vid Månsemyr men de var flera tusen år yngre – närmare bestämt cirka 4 000 år gamla. Havet hade då dragit sig tillbaka långt ner i Morlandadalgången. Det fanns rikligt med slagen flinta men bara några enstaka krukskärvor. I lä bakom ett par klippor fanns en plats där man hade tillverkat stora flintyxor av en typ som sedan slipades. Yxan hade

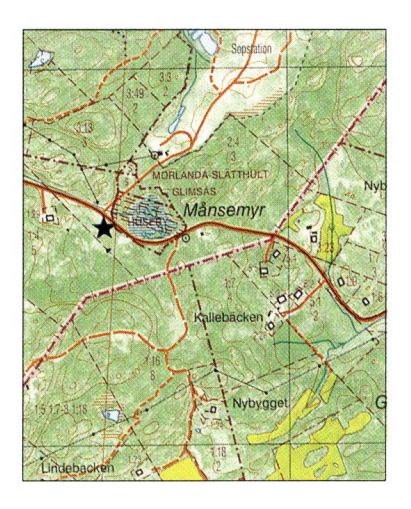

45

någon tagit med, men kvar i Månsemyr fanns hundratals flintavslag efter tillverkningen. Till de ovanligare fynden hör också en borrtapp. När man tillverkar en stridsyxa i vanlig sten måste man borra ur ett hål för att kunna skafta den. För att göra borrningen så enkel som möjligt görs hålet med en ihålig borr, av t.ex. ett rörben – kvar blir själva borrtappen.

Från en hundra år gammal spade till världens äldsta tuggummi

Figur 17
Vägarbetet i full gång i backen ovanför Huseby klev. Här sprängde man nästan bort ett helt berg. Stenmassorna kom sedan till användning som vägbanksmaterial längre ner i dalgången. Till höger ser man det branta fornborgsberget. Bilden är tagen 1994. Foto Robert Hernek.

Många kubikmeter lera och jord har passerat genom dessa såll. Bilden är från en decemberdag 1994 då kylan satte stopp för arbetet. Foto Robert Hernek

Kleven – en väg sedan urminnes tider

En liten bit efter Månsemyr, uppe på krönet av den mycket långa backe som senare går ner genom Huseby klev, möts man av en fantastisk utsikt (figur 17). För den här typen av väg så är backen en av de brantaste i hela södra Sverige. Att man valde att dra vägen genom Huseby klev är helt naturligt eftersom förkastningsbranten på södra sidan av Morlandadalen annars är lodrät. Troligen har förbindelsen mellan havet och det inre av Orust gått genom den lilla dalgången sedan urminnes tider. Djupt ner i marklagren kunde vi se resterna efter en gammal hålväg – en ridstig som när marken slits upp och eroderar bort kan bli mycket djup. Klev betyder annars bergsklyfta eller liten dalgång och det var i denna lilla dalgång som de helt enastående och numera välkända fynden gjordes.

Dalgången ser idag inte alls ser ut på samma sätt som när utgrävningen började under sensommaren 1992. Genom vägbygget har den förändrats dramatiskt. För att ge stabilitet åt körbanan, som går en bra bit ovanför den ursprungliga markytan, har stora delar av dalgången fyllts ut med schaktmassor. Bäcken som nu rinner längs kanten av vägbanken rann förut mitt i kleven, i en djupt nerskuren ravin. Denna bäck har varit av avgörande betydelse för att man valt just Huseby klev som boplats.

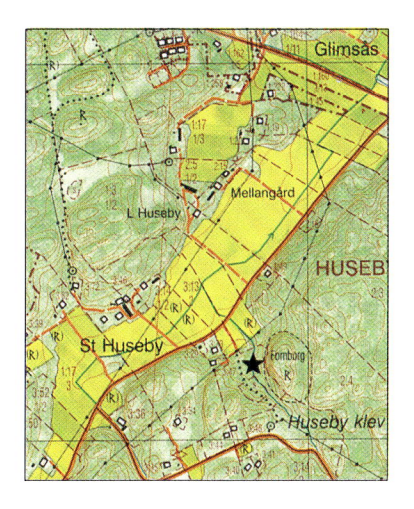

En av de vanligaste frågorna besökarna har ställt har varit hur vi kunde veta att det fanns förhistoriska fynd just här? Det är inte så konstigt som man kanske kan tro. För det första så fanns det redan en registrerad fornlämning på platsen (fornlämning 89 i Morlanda socken). Registrerade fornlämningar finns alltid utmärkta på den ekonomiska kartan (både den vita och den gula). En stenåldersboplats, som det var fråga om i Huseby klev, anges på kartan med ett (R). Parentesen innebär att fornlämningens utsträckning inte är helt känd. Alla sådana R-märkta platser är skyddade enligt lag och får inte bebyggas innan länsstyrelsen har gett sitt tillstånd. För det andra så görs inför större byggprojekt som vägar och järnvägar en arkeologisk utredning eller en så kallad arkeologisk förundersökning. Detta innebär att man vanligtvis använder sig av en traktorgrävare som gräver schakt i marken för att se om det även finns fornlämningar som man inte tidigare känt till. Förundersökningarna ligger också till grund för beräkning av tidsåtgång m.m. för en eventuell slutundersökning. Det vill säga själva den arkeologiska undersökningen. Förundersökningen är ett mycket svårt moment eftersom det inte går att förutsäga allt som finns dolt i marken. Detta gäller speciellt den typ av stenåldersboplatser som fanns i Huseby klev. Fynden ligger inte bara djupt under markytan utan täcks dessutom av metertjocka lager med blålera (figur 36 och 37). Sådana lämningar är naturligtvis omöjliga att upptäcka på markytan och förutsätter att man har en grävmaskin till hjälp för att de överhuvudtaget skall kunna hittas.

En dalgång full av snäckskal

Stora delar av Huseby klev var täckta av skalgrus eller som man också säger i Bohuslän "skälsand". Att det fanns skalgrus är av yttersta vikt eftersom det är mycket tack vare dessa skal som människornas benredskap och benavfall kunnat bevaras i tusentals år. Anledningen är att skalens kalk har en konserverande effekt på vissa organiska material som t.ex. ben. Skaldjuren har levt strax efter det att inlandsisen dragit sig tillbaka från Orust, något som inträffade för drygt 13 000 år sedan. Då låg havsytan ungefär 100 meter högre än idag och bara Orusts högsta bergspartier stack upp ur havet som små öar och skär. En stor del av musslorna och snäckorna i Huseby klev har livnärt sig här, men en stor del har säkerligen också förts dit genom havsströmmarna. Om man studerar skalen närmare så består de av olika arter som idag bara finns i arktiska miljöer, vilket innebär att vattentemperaturen har varit mycket låg vid den här tiden.

En av världens mäktigaste skalgrusbankar finns på Kuröd strax öster om Uddevalla i mellersta Bohuslän. Den är på sina ställen över 12 meter tjock. Skalbankarna har bildats invid det sund som då förband Vänern med Västerhavet – det sund som ibland kallas Uddevallasundet. I Uddevallas skalgrusbankar har man hittat ben från över 100 olika djurarter. De flesta från ryggradslösa djur men man har även hittat ben av ren, isbjörn, och vitval. Platsen har för övrigt givit sitt namn åt en liten arktisk stenmussla – *Hiatella arctica uddevallensis*.

Innan man kände till fenomen som inlandsis och landhöjning var bibelns berättelse om syndafloden förklaringen till hur att havslevande musslor kunde finnas så långt uppe på land. Under 1700-talet hade man också teorier om att en "wattuminskning" hade ägt rum. Den förste som kunde tänka sig ett högre hav var filosofen och naturforskaren Emanuel Swedenborg som år 1719 skrev "Om Watnets Högd". Förklaringen var emellertid höljd i dunkel, och Johan Oedman skrev i "Bahus-läns Beskrifning" från 1746: *"At thetta är wist, at Watnet årligen går alt mer ock mer undan ... Men hwarthän thet tager Wägen, är svårt at dömma hälst lika mycket Waten är ännu, som från första Skapelsen."* En av hypoteserna var att en landsänkning ägde rum vid sydpolen, som beredde plats för vattnet från norra halvklotet.

Skalen i Huseby klev bestod emellertid inte enbart av kallvattenkrävande arter utan det fanns även vissa lager med rester av skaldjur som lever i varmare vatten. Dessa skalgruslager var dock tunnare och låg ovanpå de "arktiska" skalgruslagren. De värmekrävande skalen var av betydligt senare datum och har avsatts på grundare vatten under en tid då det fanns människor i Huseby klev.

Det är mycket vanligt att skalgrusbankarna blivit skadade eller helt bortschaktade. Detta beror på att skalgruset är användbart

EN DALGÅNG FULL AV SNÄCKSKAL

Figur 18 Flygfoto över Huseby klev i juni 1993. I mitten ser man det stora undersökningstältet och bakom detta det höga branta fornborgsberget. Bilden tagen mot öster. Foto Kjell Edvinger. Bilden godkänd för publicering, Försvarsmakten 1995-04-28.

både som jordförbättringsmedel på åkrarna och som hönsfoder. I Uddevallas skalgrusbankar har man tidigare schaktat bort tusentals ton medan det idag i princip inte är tillåtet att plocka med sig ett enda litet skal. Man har också tagit bort en hel del skalgrus från Huseby klev och säkerligen har en del fina stenåldersfynd blivit förstörda genom detta. Ett bevis för att skalgrus har tagits från kleven är ett fynd av en järnskodd träspade som låg djupt ner i skalgruset. Denna spade var, tillsammans med lite glas, porslin och fajans, det allra yngsta fyndet från Huseby klev.

Två gravar och en pilspets från järnåldern

Den andra delen av boken som enbart handlar om undersökningarna vid Huseby klev, har vi kallat "från en hundra år gammal träspade till världens äldsta tuggummi". Om vi tidigare har rest längs den nya vägen så gör vi från och med nu en "resa" bakåt i tiden. En resa som omgående förflyttar oss nästan tusen år tillbaka.

I Huseby klev fanns inga fynd som vi säkert kunde datera till sen vikingatid eller medeltid. Själva namnet Huseby får annars den historieintresserade att spetsa öronen. Namnet Huseby, Husby eller Husaby finns även i Norge, Danmark, Schleswig och på Orkneyöarna i norra Skottland. När det gäller vissa av de svenska och danska platserna med dessa namn menar man att de har varit kungsgårdar och som sådana haft viktiga administrativa uppgifter inom Svea rike.

Historikern Henrik Schück (1914) ville se Morlanda som en svensk anläggning till försvar av södra Bohuslän (det gamla Elfarsýsla) mot Norge. Närmaste grannen i denna försvarslinje skulle vara Huseby i Torps socken i Dalsland. En sådan teori måste dock grunda sig på den sagotradition som gör gällande att Bohuslän eller Viken som det en gång hette, varit skattland under svearna.

Två gravar och en pilspets från järnåldern

Figur 19 En del av Morlandadalgången sedd från fornborgen vid Huseby klev. Bilden togs vid tiden för den arkeologiska förundersökningen år 1988. Ingen anade då vilka fantastiska stenåldersföremål som fanns dolda i marken nedanför berget. Foto Bengt Nordqvist.

Den mest kända Husabyn är annars den vid foten av Kinnekulle, där enligt sägnen Svearikets konung Olof Skötkonung döptes 1008. Olof lär också vara begravd i Husaby kyrka. Man bör dock hålla i minnet att det säkert har funnits flera Husebyar som fått sitt namn långt senare och på gårdar utan officiell karaktär. Bebyggelsen från vikingatid och tidig medeltid har antagligen legat på andra sidan Morlandadalgången, mitt emot utgrävningsplatsen. Gården Huseby skulle kunna vara en föregångare till Morlanda säteri som har sina rötter tillbaka i medeltiden.

Uppe på det höga berget på östra sidan av kleven finns en gammal försvarsanläggning, en fornborg, som antagligen är byggd någon gång under järnåldern. Det branta berget var i sig mycket lämpligt ur försvarssynpunkt men på de partier som lättast kunde forceras av fienden har man byggt försvarsvallar. Dessa har för Husebyborgens del sannolikt bestått av tämligen enkla träpalissader som var förankrade med stenar. Idag återstår bara några nerrasade stenvallar och, vilket är ovanligt, även en mindre jordvall. Vallen kan ha varit ett skyttevärn. I samband med ett forskningsprojekt för några år sedan gjorde man en mindre undersökning i Husebyborgen. En datering av träkol i jordvallen visade att borgen åtminstone hade använts under vikingatid.

Vi vill varmt rekommendera ett besök på fornborgsberget. Där finns också en liten informationsskylt som visar var resterna av försvarsmurarna ligger. Vägen dit går via en liten bäck strax nedanför berget. Vandringen är jobbig men väl värd mödan. Utsikten

Två gravar och en pilspets från järnåldern

Figur 20
En fragmentarisk pilspets av järn som hittades vid foten av det stora fornborgsberget vid Huseby klev. Skala 1:1. Teckning av Anders Andersson.

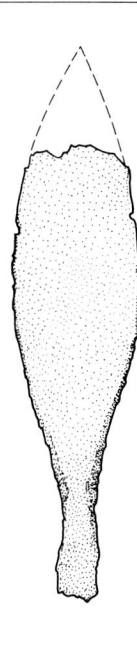

är betagande och vid klar sikt ser man tydligt Lysekil och längre mot norr skymtar man Smögen.

Vid tidigare fornborgsundersökningar har man antingen grävt i försvarsvallarna eller inne på själva borgen. Vid Huseby klev fick vi däremot möjlighet att gräva nedanför själva fornborgsberget. Som vi misstänkte fanns det också en del föremål som säkerligen har kastats ned från borgen. Av metallföremål hittades en pilspets (figur 20), ett remändebeslag, en kam (?) av järn och en bronstråd med hål i båda ändar. Dessutom fanns vävtyngder av bränd lera och keramik av en typ som användes under romersk järnålder eller folkvandringstid (0–550 e.Kr.).

Nere i kleven fanns också två gravar från järnåldern (figur 21). Gravarna bestod av små gropar i marken som hade fyllts med brända ben från människor. Under järnåldern var det mest vanligt att man brände sina döda på bål. Tyvärr fanns inga gravgåvor men datering på träkol visar att begravningarna ägt rum ungefär vid Kristi födelse. Båda gravarna täcktes också av ett halvmetertjockt lager med skalgrus (figur 36). Detta har tillkommit senare än gravarna och har inte haft någonting med havet att göra. Havet hade då för länge sedan dragit sig tillbaka från kleven. Istället måste en mycket hastig erosion fört ner skalgruset från en högre nivå och på så sätt täckt över den gamla markytan. Detta tyder på att växtligheten just då har varit sparsam. En tänkbar orsak är kraftig betning i kombination med att träden i kleven har använts till försvarspallisaden uppe på fornborgen.

58

Två gravar och en pilspets från järnåldern

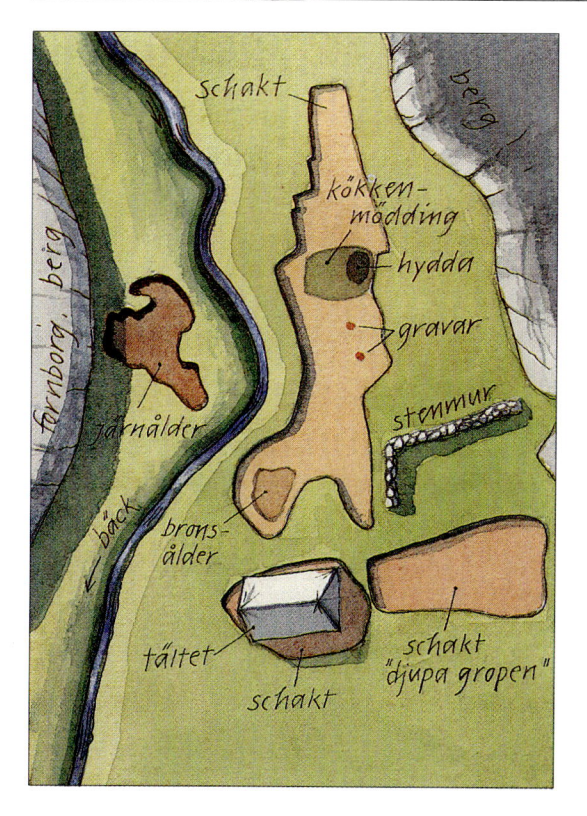

Figur 21
Plan över dalgången vid Huseby klev med de olika undersökta boplatserna markerade. Bäcken har under förhistorien haft lite annorlunda lopp än då undersökningarna startade 1992. Observera att söder är upptill på planen.
Akvarell av Anders Andersson.

Bronsåldersfiskare i Huseby klev

Om vi förflyttar oss vidare bakåt i tiden, till omkring 500 år före Kristus så befinner vi oss i slutet av bronsåldern. Fynden från denna tid fanns bara inom ett mycket litet område i dalgången och låg i anslutning till en äldre, på markytan helt osynlig, bäckravin. I ena kanten av denna gamla bäckfåra har man på bronsåldern lagt ut stora mängder av stora stenar (figur 22). Varför man lagt dem längs bäckens kanter är inte helt lätt att veta. Ett syfte kan ha varit att lättare nå fåran för att hämta vatten, för att rensa fisk och annat. Möjligen ville man också förhindra att bäcken åt sig vidare in mot själva boplatsen, som antagligen har legat alldeles väster om vattendraget. Detta var just ett sådant område som hade urschaktats av senare tiders skalgrustäkt varpå själva boplatsytan hade blivit förstörd.

Att tala om en bäck är egentligen lite missvisande eftersom avlagringar i fåran visar att den åtminstone då och då har forsat fram med en oerhörd kraft. I ett något senare skede av bronsåldern har bäcken ändrat sitt lopp och den gamla uttorkade fåran blivit den plats där man slängde sitt avfall. Ovanpå stenpackningen fanns därför ett tjockt jordlager med flinta och keramik men framförallt innehöll det enorma mängder med matavfall. Bevarade ben från

Figur 22 Foto över Huseby klev som är taget uppifrån fornborgsberget sommaren 1993. Tittar man noga så ser man den stora stenpackning som lades ut i kanten av bäcken någon gång under bronsåldern. Järnåldersgravarna var belägna inom det skuggiga partiet i bildens vänsterkant. Foto Robert Hernek.

bronsålderns kustbosättningar är annars mycket sällsynta. I Sydsverige finns bara ett par sådana platser kända sen tidigare. Den ena låg vid Skanör-Falsterbo längst ner i Skåne och den andra låg faktiskt även den vid Ellös. Det var när man på 1940-talet undersökte en liten "grotta" invid nuvarande industriområdet Slätthult strax öster om samhället som bronsåldersbenen hittades.

Figur 23 Ett av många bronsåldersrösen längs kusten. Detta ligger på västra sidan av ön Malö och syns från hamnen i Ellös.
Foto Robert Hernek.

För att överhuvudtaget ha möjlighet att skilja ut de tusentals benen i Huseby klev ur lerjorden använde vi oss av en speciell arbetsmetod där jorden sållades med vatten genom ett finmaskigt nät. För att inget vatten skulle gå till spillo användes ett slutet sållningssystem där vätskan återfördes till "sprutpistolerna". Vattnet med den genomsållade jorden fördes först ner till en stor uppsamlingsdamm. Genom ytterligare två uppsamlingsdammar fördes det sedan vidare till en pump och därefter via en tryckvattentank tillbaka ut till slangarna. All jord från Huseby klev som innehöll ben sållades på detta sätt.

Att bronsålderns människor vistats mycket ute vid kusten känner man till sedan tidigare. Inte minst därför att flertalet av Bohusläns hällristningar ligger mycket nära den dåtida havsstranden. Väldigt många av bronsålderns stora stenrösen ligger också på bergshöjder utefter kusten (figur 23). Med all säkerhet är det bara viktiga personer, eller personer inom speciellt betydelsefulla släkter, som har fått så fina gravplatser.

Säkert är det också en viktig person som har ägt det bronsålderssvärd som år 1884 skall ha hittats på grunt vatten någonstans ute i Ellösefjorden. Svärdet som är ett av de längsta som har återfunnits i Sverige påstås ha stått upprätt i havsbotten med spetsen nedåt (figur 24). Det finns dock skäl att vara lite skeptisk till en så fantastisk historia. Liknande, mer eller mindre trovärdiga, berättelser finns också på annat håll och sanningen är snarare den att någon har grävt fram svärdet ur en gammal forngrav – ett tilltag som man

Figur 24
Bronsålderssvärd som påstås vara funnet på havsbottnen ute i Ellösefjorden. Svärdet har ett helgjutet fäste och dateras till bronsålderns period II (1 500–1 300 f.Kr.). Svärdets längd är 101,5 centimeter. Ur: O. Montelius, Minnen från vår forntid.

inte gärna vill basunera ut. Chanserna att göra ett sådant fynd i en bohuslänsk grav måste å andra sidan vara ytterst små.

En av anledningarna till att historien med svärdet inte verkar trovärdig är att havets yta under bronsåldern stod cirka 10 meter ovanför dagens nivå. Möjligen kan det ha tappats från en båt.

Morlandadalgången nedanför Huseby klev var under bronsåldern en grund havsvik med strandängar runtomkring. Sådana ängar har varit mycket lämpliga som bete för kor, och just boskapsskötsel hade mycket stor betydelse under bronsåldern. Om man hade så mycket nötboskap vid Huseby klev är däremot inte säkert. I det stora benmängderna finns det koben men bara i begränsade mängder. Detsamma gäller ben från andra tamdjur som får och svin. Från jaktvilt finns en del ben av både vildsvin och kronhjort, men det som dominerar stort är fiskbenen. De finns i tusental och framförallt är det fiskens ryggkotor som har bevarats. De allra flesta benen kommer från gråsej och torsk. I mindre mängd finns vitling, långa, näbbgädda, pigghaj, makrill, sill och plattfisk.

Med tanke på alla fiskben förväntade vi oss att finna fiskekrokar som tillverkats i ben. Sådana bronsålderskrokar har man

Figur 25 Krok av brons från Huseby klev. Hullingen har fått sin form genom att bronstråden först har plattats ut. Skala 1:1. Teckning av Anders Andersson.

nämligen funnit i Norge. Istället fann vi något så ovanligt som en fiskekrok i brons. Kroken ser fullt modern ut om man bortser från fästet för reven (figur 25). Man har hittat enstaka liknande krokar tidigare. En låg tillsammans med flera andra bronsföremål (yxor, svärd, sågar, ringar, armband m.m.) i en kruka som år 1863 hittades i en sandbacke intill Vänerns strand i Järns socken i Dalsland. Men såvitt vi vet har en sådan krok aldrig tidigare påträffats på en arkeologiskt undersökt boplats.

Figur 26 Hällristning från Södra Ödsmål i Kville socken i Bohuslän. Ristningen som är från bronsåldern visar krokfiske från en förankrad båt. Det är mycket ovanligt att ristningarna återger sittande människor i båten. Ur: Å. Fredsjö, Göteborgs och Bohus läns fornminnesförenings tidskrift 1943.

En kökkenmödding och en hydda från jägarstenålder

Om vi går tillbaka till nästa arkeologiska tidsperiod så hamnar vi i yngre stenåldern (3 500–1 500 f.Kr.). I Huseby klev fanns ett decimetertjockt lager, en gammal markyta, som sannolikt var från denna tid, men det var mycket få fynd som kunde knytas till perioden. Däremot finns det andra platser i och omkring Morlandadalgången där stenåldersbönderna har uppehållit sig. På 1930-talet undersöktes en sådan boplats vid Bua i västra delen av dalgången. Också Riksantikvarieämbetet har undersökt ett par boplatser från yngre stenåldern. Den ena låg vid Glimsås inte långt från Ellös Folkets Park. Den andra låg bara ett hundratal meter väster om Huseby klev och undersöktes 1994. I Morlandadalgången strax öster om Ellös finns det också ett par megalitgravar, en dös och en hällkista. Ytterligare några kilometer österut, vid Torebo, finns det ett par mycket fina dösar.

Vårt nästa steg tillbaka i historien för oss till äldre stenålder, eller som man också brukar säga, jägarstenålder. Ser man till hela människans historia, som i och för sig är oerhört kort jämfört med många djurarters, så har hennes existens på jorden främst varit beroende av vad jakt och insamling kunnat ge. Denna mångtusen-

Figur 27 *Arkeologerna som deltog hösten 1993 samlade uppe vid kökkenmöddingen. Nere till höger ser man den ovandelen av ostronhögen. Från vänster: Anders Edring, Cecilia Ericson, Lis Mikkelsen, Glenn Johansson, Bengt Bengtsson, Robert Hernek, Louise Olsson, Bengt Nordqvist och Ingmar Ramell. Foto Carina Bramstång.*

åriga anpassning till naturen har i allra högsta grad präglat människan som varelse. Tidsrymden från det att man övergick till att bruka jorden till idag är i det perspektivet mycket kort. Man skall för den skull inte tro att äldre stenålder var en statisk period utan förändringar – tvärtom. Det är under äldre stenåldern som Huseby klev har bebotts flitigast och under denna långa period förändras såväl havsnivå och klimat, som växt- och djurvärld. De yttre för-

Figur 28 Med en flintbit har man ristat in detta enkla men uttrycksfulla mönster. Benbiten är antagligen ett fragment av en harpun eller ett så kallat flinteggspjut (se även figur 34). Foto Bengt Nordqvist.

utsättningarna har i sin tur bidragit till stora förändringar i människans sätt att leva. Detta är inte lätt att belägga på arkeologisk väg men men vi kan till exempel se hur flintredskapen omformas. Nya typer dyker upp medan andra försvinner för gott. De extremt välbevarade lämningarna i Huseby klev ger oss mycket större möjligheter att påvisa variationer i levnadsmönster än vad som brukar vara fallet.

Från den senaste fasen av äldre stenåldern fanns en hel del uppseendeväckande fynd i Huseby klev. Resterna av en boplats låg framför trädridån, ungefär mitt emot det stora fornborgsberget (figur 21 och 47). Den var cirka 7 000 år gammal och ungefär 100 kvadratmeter stor. Precis som järnåldersgravarna tidigare, var boplatsen täckt av ett nereroderat skalgruslager. I detta låg det dock, till skillnad från i lagret kring gravarna, en hel del stenåldersfynd – fynd som var ungefär ettusen år äldre än de från boplatsen under! Det är sådant som arkeologer kan få gråa hår av (figur 36). Man hade också här schaktat bort en del av det övre liggande skalgruset men lyckligtvis slutat med täktgrävningen när man kommit ner till den mörka feta jord som boplatslämningarna bestod av.

I det övre skalgruslagret med det äldsta fyndmaterialet hittade vi en liten benbit som antagligen kommer från en harpun eller ett s.k. flinteggspjut. Den har dekorerats med små tvärställda streck i olika fält (figur 28). Benbiten tillhör därmed en mycket liten samling föremål, som utgör de äldsta konstnärliga uttrycken som vi har i landet.

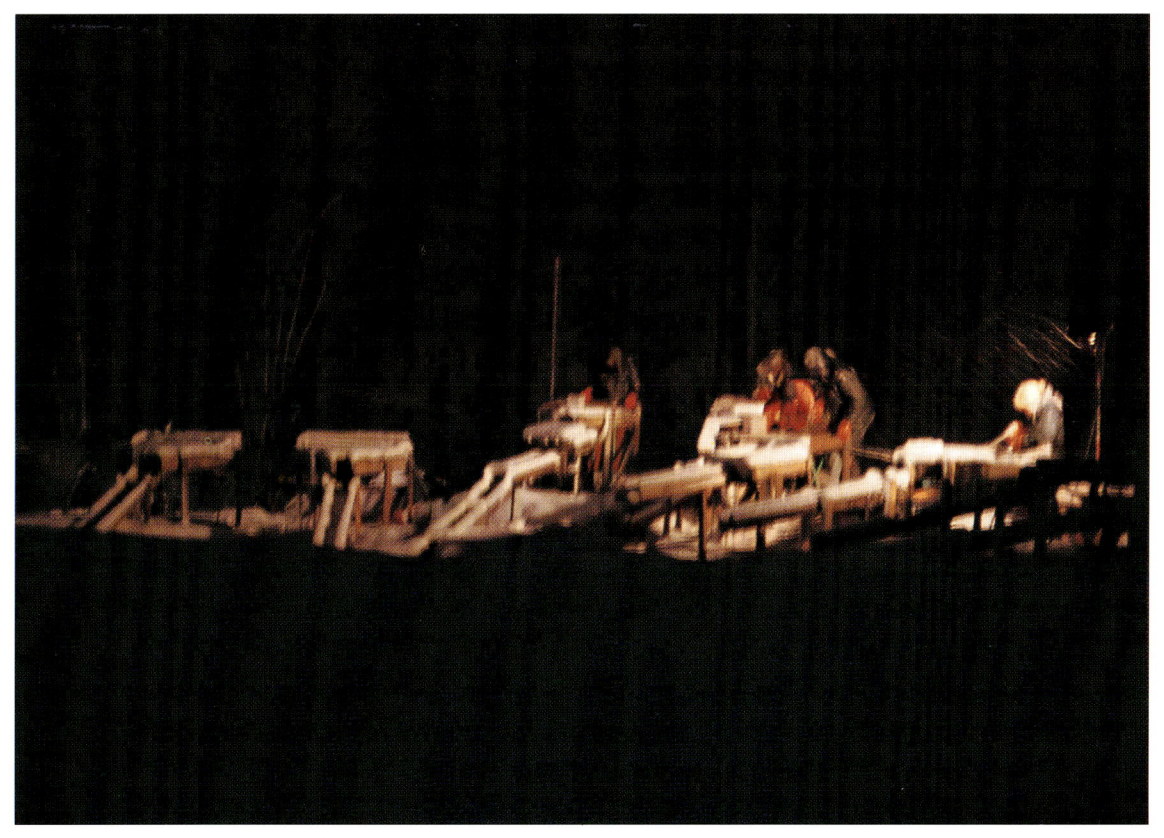

En kökkenmödding och en hydda från jägarstenålder

Figur 29 Arbetet vid vattensållen en tidig morgon 1993. Bildens idylliska stämning bedrar en aning. Mörkret och kylan satte personalen på hårda prov. Foto Bengt Nordqvist.

Undersökningen av boplatsen ägde rum under senhösten 1993 och pågick nästan ända fram till jul under mycket ogynnsamma förhållanden. Ellös fick t.ex. mer snö den senhösten än man haft på många år. Kylan gjorde också att marken såväl som vattnet i såll och slangar frös till is. För att kunna utnyttja arbetsdagarna till fullo fick vi sätta upp lampor runt vattensållen (figur 29 och s. 47).

Den sjutusenåriga boplatsen ligger idag cirka 30 meter över havet men när boplatsen var bebodd låg den alldeles intill strandkanten, och hela Morlandadalgången var ett öppet sund. Antagligen hade denna tids människor ingen aning om att det på havsbottnen ett 50-tal meter längre ut från boplatsen fanns rester efter folk som bott i Huseby klev mer än tvåtusen år tidigare. Vi återkommer till dessa ännu äldre lämningar lite längre fram.

Den yngre boplatsen upptäcktes först sedan grävmaskinen frilagt en större ansamling med skal från ostron. Ostronskalen var rester efter stenåldersmänniskornas måltider. Sådana ostronhögar brukar också kallas för "kökkenmöddingar". Termen kommer från Danmark där man sedan mitten av 1800-talet har undersökt liknande lämningar från ungefär samma tidsperiod. I Sverige känner man till ytterst få kökkenmöddingar och de som finns har alla hittats i Bohuslän. Från äldre stenålder finns det bara två kända sedan tidigare. En var något äldre än den vid Huseby klev och en något yngre. Mest känd av de två är kökkenmöddingen vid Rottjärnslid på Bokenäset som undersöktes på 1930-talet.

I Danmark finns kökkenmöddingarna framförallt i trakten kring Limfjorden på Jylland. Där kan ostronhögarna vara av ansenlig storlek, i enstaka fall upp till 300 meter långa, 30–40 meter breda och närmare 2 meter djupa. Därför trodde man tidigare att stenåldersmänniskorna huvudsakligen hade livnärt sig på ostron. Numera vet man dock att ostronen har ett alltför lågt kaloriinnehåll för att detta skall vara möjligt. För den som vill försöka så kan man faktiskt överleva enbart på ostron. Det krävs emellertid att man sitter still och äter ostron hela dagarna och för att spara på energin krävs det dessutom att någon annan öppnar ostronen åt dig!!

Vid de danska möddingarna har inte några hyddor återfunnits men till stor del på grund av undersökningsmetodiken lyckades vi finna en sådan i Huseby klev. Den är för övrigt den första helt säkra hyddan från jägarstenåldern som har hittats i Västsverige. Hyddan avtecknade sig som en mörk oval vall med ett ljusare parti i mitten (figur 30). Golvet var något försänkt i marken och hyddans södra del har sannolikt varit ingrävd i ett bakomliggande gammalt strandhak som bestod av skalgrus.

Det kommer fortsättningsvis att bli spännande att se hur olika typer av fynd fördelar sig i förhållande till hyddan. Här finns möjligheter att i efterhand kunna rekonstruera vilka platser som stenåldersmänniskorna använde för olika typer av aktiviteter. Fynden i och omkring hyddan bestod till stor del av olika typer av ben och

Figur 30
Bilden visar platsen för den 7 000 år gamla boplatsen vid Huseby klev. Här påträffades en av landets äldsta hyddlämningar från stenåldern. Bilden är tagen efter att det att hyddan rensats fram men före själva utgrävningen av densamma. På bilden ser man hur ett mörkare parti omger en ovalformad yta i mitten. Personen uppe till höger pekar på den ostronhög som stenåldersmänniskorna lämnat efter sig, en annan pekar på en stenyxa och en tredje person på en ännu ej undersökt grop. Foto Bengt Nordqvist.

benredskap. Detta var extra lyckosamt eftersom benmaterial från den här tidsperioden tidigare har saknats i Västsverige.

Benen kom bl.a. från kronhjort, vildsvin och från den numera utdöda garfågeln, men precis som vid bronsåldersbosättningen var det fiskbenen som dominerade. De mest populära matfiskarna har av benen att döma varit torsk och kolja. Dessutom fanns ett flertal fiskekrokar i ben liksom halvfabrikat av fiskekrokar från olika delar av tillverkningsprocessen (figur 43). Analysen av benen har bara påbörjats och man kan förvänta sig att flera fynd kommer att "dyka upp" ur våra påsar. Människorna som bodde i hyddan har troligen levt en ganska behaglig tillvaro. Just vid denna tid hade man varmare än vi har idag. Klimatet var ungefär som det nu är vid Frankrikes södra atlantkust, varmt men periodvis mycket fuktigt och regnigt. Växtligheten var frodig och det fanns gott om stora lövträd som ek, lind, alm, lönn och ask. På lite öppnare ytor växte hassel, björk, rönn och hägg.

Ett vackert flinteggspjut från en översvämmad boplats

Från förra uppehållet, sjutusen år tillbaka, tar vi ett snabbt kliv ytterligare drygt tusen år bakåt i tiden. Även från denna period fanns välbevarade lämningar, både i form av ben och benredskap. De nästan 8 500 år gamla fynden låg något längre ner i dalgången och undersökningen ägde rum under ett stort vitt tält som våra besökare sommaren 1993 kanske minns (figur 18 och 21). Boplatsområdet kallas därför kort och gott för "tältet".

När man levde här stod havet närmare 25 meter över nuvarande havsnivå. Morlandadalgången var en lång havsvik och boplatsen låg nästan alla längst in i viken.

Precis som vid kökkenmöddingen fanns här flinta, ben och benredskap. Skillnaden var att fynden inte låg kvar på den plats där de en gång lämnats. Havets yta har stigit upp över den gamla boplatsen och spolat stenåldersredskap, gravar, eldstäder och annat ut till strandkanten. Boplatsytan blev sedan liggande på havsbotten under ett par tusen år. I arkeologiska termer brukar man säga att dessa boplatser är överlagrade eller transgredierade (transgression = översvämmad). Bakgrunden till fenomenet var den dramatiska förändring som ägde rum dels genom den snabba höjningen av

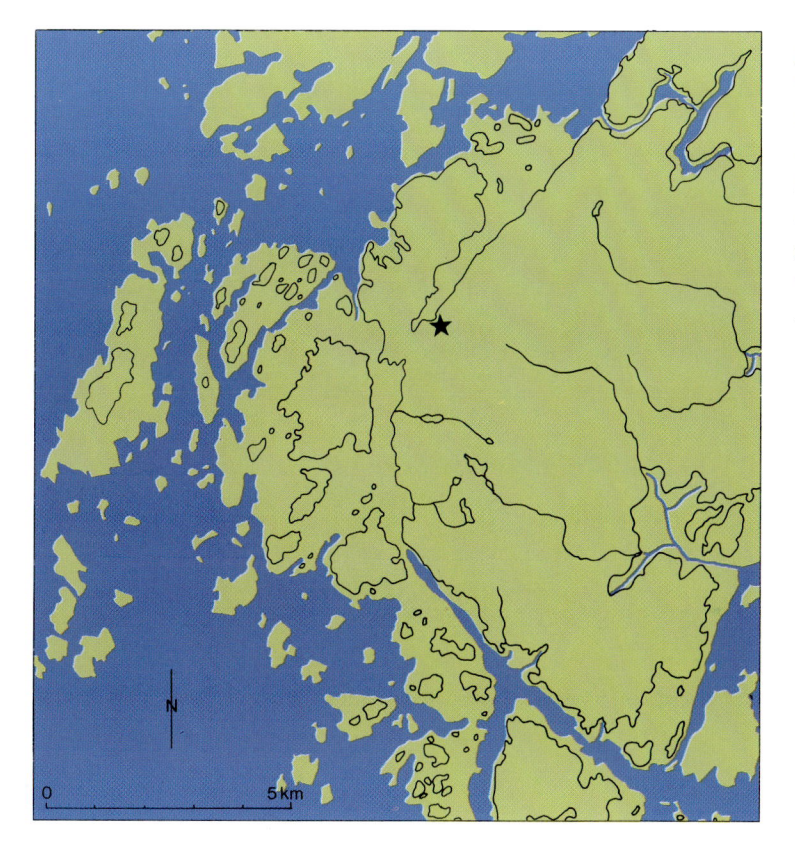

ETT VACKERT FLINTEGGSPJUT FRÅN EN ÖVERSVÄMMAD BOPLATS

Figur 31
Västra Orust så som ön såg ut för 8 000–9 500 år sedan. Havet stod cirka 25 meter över nuvarande nivå. Huseby klev låg nästan längst inne i en långsträckt vik. Senare när havets yta återigen höjde sig blev den långa viken istället ett sund. Karta av Andersson.

jordskorpan, dels genom en mycket snabb höjning av världshaven. För omkring 10 000 år sedan ökade medeltemperaturen snabbt runt

75

Figur 32
För 8 000 till 9 000 år sedan var den Skandinaviska halvön förbunden med kontinenten och en stor del av Nordsjön var ännu land. De allra flesta kustbosättningarna från den här tiden ligger alltså än idag på havets botten. Karta Anders Andersson (efter Påsse).

hela norra jordklotet, vilket ledde till att den kvarvarande inlandsisen, såväl som ismassorna i polartrakterna, började att smälta. Enorma mängder vatten frigjordes och höjde världshavens yta. Tidigare var till exempel Medelhavet betydligt mindre och bestod av två innanhav. Detta förklarar varför ett par dykare för några år sedan utanför Marseilles kunde hitta gamla stenåldersmålningar i en undervattensgrotta 37 meter under Medelhavets vattenyta.

På den Skandinaviska halvön var förhållandet mer komplicerat. Här uppe var det inte bara havsytan som höjde sig utan även den landmassa som tidigare varit nedpressad av den kilometertjocka inlandsisen. Längs den svenska västkusten, ungefär från mellersta Halland upp till trakten av Uddevalla fick denna växelverkan mellan hav och land mycket speciella konsekvenser. Höjningen av havsnivån gick ibland snabbare än landhöjningen medan det under andra perioder var precis tvärtom. Detta ledde till att tidigare landområden som varit bebodda under stenåldern återigen blev havsbotten. På vissa nivåer kunde till och med havet dra sig fram och tillbaka flera gånger. Detta skedde för mellan 7 000 och 9 000 år sedan. Längre norrut i Bohuslän hade höjningen av land och hav ett jämnare förlopp och dessa områden saknar därför överlagrade boplatser. Däremot ligger de 8 000-åriga boplatserna i Strömstadstrakten högre upp på land än motsvarande boplatser på Orust.

Längre söderut där landhöjningen varit mindre eller, som i Europa, överhuvudtaget inte har existerat kom mycket stora landområden att täckas av hav. Vid tiden för de äldsta bosättningarna vid Huseby klev såg alltså Europas karta ganska annorlunda ut jämfört med idag (figur 32). Sverige hängde samman med kontinenten eftersom Öresund ännu inte fanns. Det var över denna landbrygga som flertalet av våra däggdjur vandrade in i landet. Inom parentes kan nämnas att provundersökningar inför byggandet av Öresundsbron har visat att landförbindelsen varade 500 år längre än man tidigare trott. Även Bornholm hängde samman med kontinenten och på södra Östersjöns botten finns än idag stubbar efter den tidens tallskogar. Engelska kanalen hade inte bildats och stora delar av Nordsjön var ännu land. Inom dessa områden ligger den tidens kustbosättningar nu på havsbotten och är i stort sett okända för oss. Att områdena varit bebodda är ändå säkert, och det händer då

ETT VACKERT FLINTEGGSPJUT FRÅN EN ÖVERSVÄMMAD BOPLATS

Figur 33 Huseby klev så som det såg ut innan undersökningarna började 1992. Foto Bengt Nordqvist.

och då att något stenåldersredskap kommer upp till ytan med fiskarnas bottentrålar. Även om tusentals år har förflutit så har översvämningen av dessa enorma landområden varit så pass dramatisk att händelsen mycket väl kan ha levt kvar länge i de muntliga traditionerna. Kan det till och med vara så att berättelsen om syndafloden har sitt ursprung långt tillbaka i äldre stenålder?

Detta är lite av bakgrunden till att Huseby klev har rönt så stort intresse hos forskare utomlands. Aldrig tidigare har man funnit kustboplatser från den här tiden med så utomordentligt välbevarade fynd. Eftersom det rimligtvis bör finnas flera liknande, men ännu okända, platser i Bohuslän, framstår området som ett av Europas intressantaste när det gäller forskningen kring den mesolitiska tiden (mesolitikum = den mellersta delen av stenålder).

Alla fynd från Huseby klev, som var 8 000 år eller ännu äldre, låg alltså inlagrade i sediment som bildats av havet (figur 36). Ibland låg de i grus och sand, ibland i rent skalgrus eller, vilket var vanligast, i ren blålera.

Fynden som grävdes fram under tältet består, som sagt, av såväl flintredskap som ben och benredskap. Av benredskap finns det en yxa som är tillverkad av horn från kronhjort, två stycken små fragment av harpuner, samt en hullingspets från en harpun alternativt en mycket stor fiskekrok. Ett annat föremål vars funktion är oklar har delvis utformats som en fallos. Ett av de finare föremålen är ett fragment av ett s.k. flinteggspjut (figur 34) – en typ av spjut vars främre parti består av en spetsig benbit, på vars sidor man har fäst

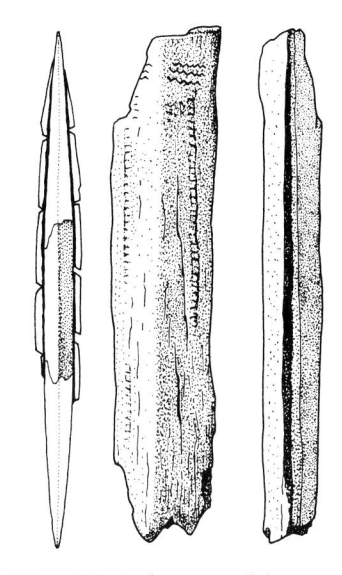

Figur 34 En bit av ett dekorerat s.k. flinteggspjut av ben, sett framifrån och från sidan. I den längsgående sidoskåran har det suttit ett antal avlånga sylvassa flintspån. På skissen till höger ser man hur spjutet har varit konstruerat. Skala 1:1. Teckning av Anders Andersson.

Figur 35
En människotand från "tältet". Karies var ett okänt begrepp under jägarstenåldern. Däremot blev tänderna snabbt mycket nedslitna både av födan och det faktum att de användes som redskap vid läderarbete, tvinning av snören m.m. Skala 2:1. Teckning av Anders Andersson.

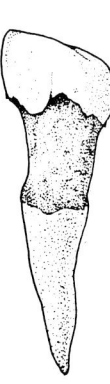

vassa flintor som hullingar. Flintorna har satts fast med björkharts som var den tidens klister. Några tiotal meter väster om tältet skulle vi hitta sådan harts i en omfattning som aldrig tidigare har gjorts. Ser man närmare på spjutbiten så visar den sig vara dekorerad med små zigzag-linjer och parallella streck. Tittar man på Stalahackan, på sidan 28, och jämför ristningarna så ser man att det delvis är samma typ av ornamentik som återkommer – detta är säkert ingen tillfällighet. Mönstren har förmodligen haft symbolisk betydelse. Likheten i dekoren styrker också uppfattningen om Stalahackans ålder.

Vi fann också tre stycken människotänder. Eftersom delar av tandroten ännu finns på en tand så betyder det att den har fallit ur sedan ägaren dött (figur 35). Tuggytorna är mycket nedslitna därför att tänderna användes flitigt som redskap bl.a. vid bearbetning av skinn. Förutom tänderna hittade vi i tältet ytterligare ett par människoben, en ledkula till ett överarmsben och en liten tåled som är bränd. Så gamla människoben är mycket ovanliga, men det skulle senare visa sig att det ännu djupare ner i jordlagren i Huseby klev fanns ännu äldre människoben, fler benredskap, och inte bara ben utan till och med mängder med annat organiskt material och slag av lämningar som man aldrig tidigare har hittat.

"Djupa gropen" – med fynd som fick Ellös omnämnt i världspressen

Det paradoxala med Huseby klev är att ju äldre fynden är ju bättre bibehållna är de – de bäst bevarade är från djupa gropen där resterna av den äldsta bosättningen, mellan 9 000 och 9 500 år gammal, återfanns. Så välbevarade lämningar har aldrig tidigare påträffats på en kustboplats från den här tiden. Precis som under tältet fanns här ben och benredskap, men även andra organiska lämningar som hartsbitar, trä, bark, hasselnötter och fröer. Ja till och med enstaka löv fanns bevarade! Fynden ger oss enorma möjligheter att ta reda på inte bara vad människorna har levt av utan också att få en bild av den forntida miljön i och runt Huseby klev. De välbevarade materialen är av stort intresse även för olika typer av naturvetare som botaniker, kvartärgeologer, osteologer (experter på ben), insektsforskare, hydrologer, klimatforskare och andra.

Fynden från den äldsta bosättningen låg mycket djupt ner, mellan 2,5 och 3 meter under markytan. Platsen kallas därför "djupa gropen". De flesta fynden i djupa gropen låg huller om buller och anledningen var densamma som under tältet. När havet höjde sig spolades boplatsen ut i strandkanten. Transporten har inte varit lång. Själva boplatsen har antagligen legat skyddad precis bakom

"Djupa gropen" – med fynd som fick Ellös omnämnt i världspressen

Figur 36
En principskiss över de olika jordlagren vid Huseby klev. Om alla lagren legat ovanpå varandra på en och samma plats hade profilen (lagerföljden) sett ut ungefär som på denna skiss. Den ger också en bra uppfattning om hur komplicerade undersökningarna vid Huseby klev var.

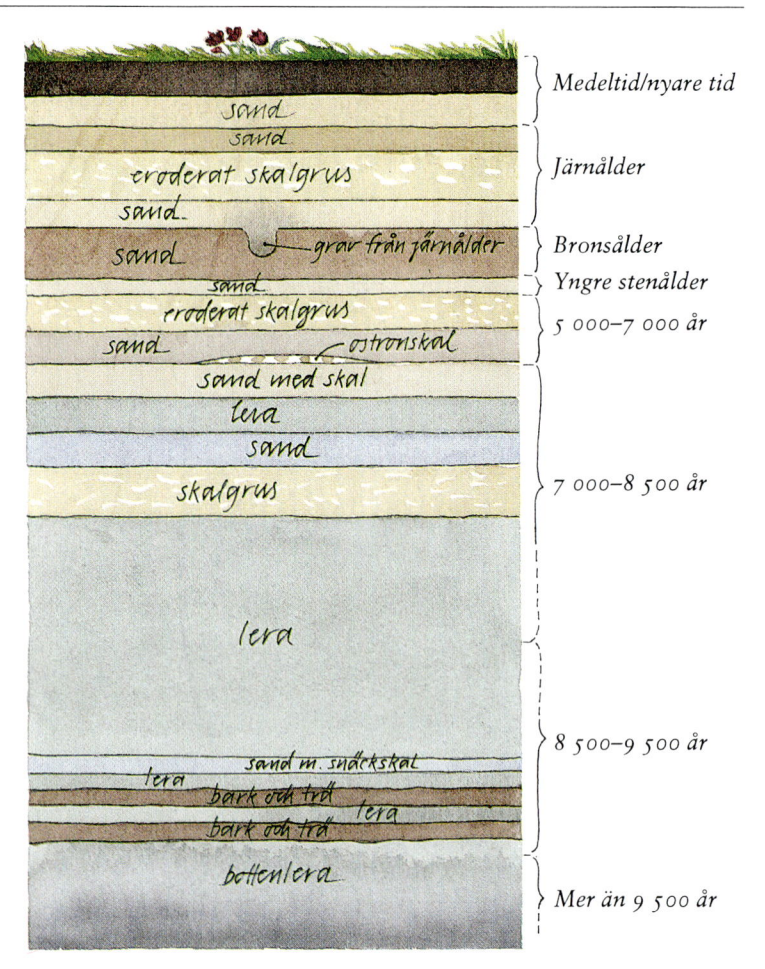

Medeltid/nyare tid
Järnålder
Bronsålder
Yngre stenålder
5 000–7 000 år
7 000–8 500 år
8 500–9 500 år
Mer än 9 500 år

"Djupa gropen" – med fynd som fick Ellös omnämnt i världspressen

Figur 37
Grävmaskinen håller på att gräva bort den metertjocka leran som täckte fynden i djupa gropen – bilden ger en uppfattning om hur långt ner under markytan de låg. Foto Robert Hernek.

berget, ungefär där den stora asken står idag. Förflyttningen gäller inte alla fynd. Man får tänka sig att en hel del föremål har hamnat precis i strandkanten redan från början. Somliga träbitar kan också ha flutit iland från annat håll. Allteftersom havet höjde sig började sand och lera att sedimenteras över fynden. Efter ytterligare ett par hundra år stod havsytan flera meter ovanför den plats där männi-

83

skorna haft sina hyddor. När havet tvåtusen år senare återigen drog sig tillbaka från platsen hade ett drygt metertjockt lager med lera bildats ovanpå lämningarna. Leran har på ett effektivt sätt konserverat fyndmaterialet, som fanns inom en begränsad yta som var cirka 35x12 meter stor (figur 21 och 47). Inom ytan låg fynden i olika typer av lager. Vissa lager kunde bestå av både lera, skalgrus och sand – andra innehöll nästan uteslutande trä, bark och hasselnötter. Både fynd och organiska lager låg på flera nivåer vilket innebär att det finns vissa mindre tidsskillnader mellan dem.

Ett jätteben i leran

Redan när grävmaskinen tog bort den tjocka leran, som täckte de fyndförande lagren i djupa gropen, gjordes en ovanlig upptäckt. Först såg det ut som om skopan hade blottat en stor trästock men vid närmare granskning så visade det sig vara ett ben, och säkert det största ben som någonsin har hittats vid en arkeologisk undersökning i Sverige. Benet hade suttit längst in på fenan på en blåval. Denna, den största av alla valar kan bli över 30 meter lång och väga uppemot 150 ton! Blåvalen är såvitt man känner till det största djur som någonsin har funnits på jorden. Då är även dinosaurierna medräknade. På latin heter blåvalen *Balaenoptera musculus*. Musculus betyder "liten mus" och är också artnamnet på husmusen. Hur kan det komma sig att blåvalen fått ett artnamn som betyder liten mus? Man tror att namnet beror på ett missförstånd. Den romerske skriftställaren Plinius använde namnet *musculus* för ett havsdjur som Carl von Linné trodde var en blåval. Istället var det sannolikt fråga om en liten lotsfisk. Denna fisk förekommer mest tillsammans med hajar som den sägs lotsa till bytet.

Om det stora valbenet från Huseby klev har med stenåldersbosättningen att göra är osäkert. Vår benexpert Leif Jonsson, tror att benet är mycket äldre än så, ungefär 12 000–13 000 år gammalt.

Figur 38 Bilden visar en detalj av det stora valbenet. Urgröpningen är gjord av en bäver. Betten syns tydligt längs benets kant. Foto Anders Nilsson.

Hans teori om benet är att valen flutit iland under denna arktiska period och att benet ursprungligen har legat i skalgruset något högre upp. Den bäck som har sitt utflöde i kleven har långt senare eroderat fram benet ur skalgruset. Vem har då fått syn på benet om inte en bäver! Bävern som tycker om att äta kalk har börjat gnaga på benet, men på en del som inte är speciellt lättåtkomlig (figur 38). Detta talar för att bara en bit av valbenet har legat blottat. Så småningom har benet eroderats vidare ner längs sluttningen och sedimenterats i leran som täcker djupa gropen. En kol14-datering av benet som skulle kunna stärkt denna teori har utförts, men resultatet av provet blev av någon anledning på tok för ungt för att vara trovärdigt.

Mängder med stora ryggkotor

Redan tidigt vid undersökningen av djupa gropen hittade vi ett par mycket stora ryggkotor där vi först inte kunde förstå vilket djur det var fråga om. När Leif Jonsson kom till Huseby ett par dagar senare kunde nyfikenheten stillas. Kotorna kom från en vitnosdelfin. Vi spekulerade först i möjligheten att det kanske var kotor från en enda delfin som hade råkat förirra sig in i Morlandaviken och strandat. Allteftersom undersökningen framskred kom emellertid flera kotor i dagen. Kotor som också var från olika individer. Att det inte var fråga om strandade eller självdöda exemplar stod alltmer klart och när det till slut dök upp en kota som hade bearbetats av en människa undanröjdes de sista tvivlen – här var det fråga om specialiserad jakt på vitnosdelfin. På den bearbetade kotan hade man avlägsnat utskotten, därefter gjort ett hål i centrum och sedan med en flintkniv ristat in några enkla dekormönster (figur 39). Den kan sedan ha använts som sländtrissa vid tvinning av snören eller som ett sänke vid fiske, för att nämna ett par tänkbara användningsområden.

Antalet delfinkotor blev efterhand allt fler men precis som när det gällde det övriga fyndmaterialet dök det upp en här och en där. Sent på hösten 1993 hittade vi däremot några delfinben från en enskild individ som låg samlade. Resterna efter själva slakten låg

Mängder med stora ryggkotor

Figur 39
Ett unikt fynd från Huseby klev är den bearbetade delfinkotan med ett hål i centrum. Undersidan är planslipad (foto), medan ovansidan har en enkel dekor i form av ett tjugotal streck (lilla teckningen, skala 2:3). Till vänster på bilden är en obearbetad kota som har suttit vid delfinens ryggfena. Foto Anders Nilsson. Teckning Anders Andersson.

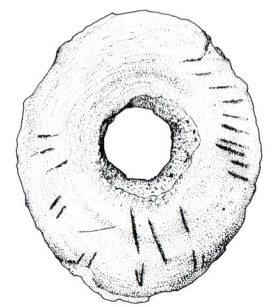

88

Figur 40
Ett antal delfinkotor som kommer från en och samma individ. Kotorna på bilden utgör ett av de "kotpaket" som omnämns i texten men till skillnad från ett par andra sådana "kotpaket" låg dessa inte i orubbat läge. Foto Glenn Johansson.

som "kotpaket". Ur kotpaketen har vitnosens ryggfileer skurits. I varje paket ingick sex stycken kotor. Dessutom fanns det i anslutning till kotorna både revben och stora skulderblad. Ett sådant skulderblad hade skärmärken på ena sidan. Uppenbarligen har detta använts som en slags skärbräda när man styckade köttet. Märkligt nog hittade vi inga rester av något delfinkranium.

Vitnosdelfinen ingår, som alla delfinarter, i en större grupp av tandvalar och är inte på något sätt sällsynt. Den lever idag i Nordatlanten och i Nordsjön och rör sig oftast i grupper om ett tiotal individer. Detta till skillnad från sin nära släkting, vitsidingen, som kan vara ända upp till tusen individer i en flock. Vitnosdelfinen kan bli drygt 3 meter lång och som framgår av namnet utmärker den sig genom sin vita nos. För övrigt är kroppen svartvit till färgen och har mönster som kan variera en hel del mellan olika individer.

Delfinjakten som bedrevs utanför Huseby klev har antagligen krävt samarbete där ett ganska stort antal människor och båtar har varit involverade. Jakten på delfin var tidigare inte alls känd och den ger en annorlunda och överraskande bild av kustens innevånare under jägarstenåldern.

Vitnosdelfin
(*Lagenorhynchus albirostris*)

Delfinjakten – en fantasiresa i tiden

"Vågorna är vresiga idag", tänkte Aun när det grönblå havet skvätte salta droppar i hans ansikte. "Men vad spelar det för roll när man har hört att delfinerna är på väg." Deras livliga hoppande hade setts från det höga korpberget. De var på väg söderifrån hade man sagt. När de väl hade siktats var det bråttom. Alla hade väntat tålmodigt på deras ankomst.

Tillsammans med de andra yngre männen i stammen pressade han sin stockbåt genom vågorna. Rytmiskt förde de gång på gång ner sina paddlar i havet. Det blänkte till på de våta bladen när de återigen kom upp ur vågorna. Aun kramade hårdare kring paddeln. "Vi måste hinna ut i tid. Vi bara måste." Han visste att alla behövde komma en bit längre ut från fjordmynningen. Det hade alltid varit tävling om vilka som skulle hinna först ut till Sälskär där båtarna samlades inför jakten. "Det är klart att man vill vinna", tänkte han för sig själv och drev på sin bäste vän som satt på knä i fören. "Inte vill vi förlora när alla som bor på en paddelresas avstånd är här. Båten rör sig lite oroligt men vi har tur för vågorna kommer föröver." Han vilade en sekund blicken på den längsgående sprickan i båtens botten. Den hade inte blivit värre som tur var – hartstätningen i sprickan hade hållit under hela sommaren.

"Där kommer dom!", skrek Aun till vännen. Snett åt vänster framför den yttre udden såg det ut som om havet kokade. Mängder av spolformiga kroppar gled upp och ner i vattnet. Han tittade snabbt bakåt. "Hinner dom andra? Laget från Marstrandsöarna ser inte ut att klara det i år heller. Det är väl lika självklart som att vi ska vinna." Han såg hur folket i den sista båten hade insett att de inte skulle komma ut i tid. De paddlade istället moloket mot närmsta land. "Det är inte värre än att de får vänta där tills vi har drivit flocken förbi dom", tänkte han.

Männen från Skaftölandet var de sista som hann komma i rätt position. Det gällde att ligga utanför flocken. På det viset fick jägarna flocken mellan sig och fjordmynningen. Sedan var det bara att driva dem in mot den väntande stranden. Om allt gick bra förstås. Ivrigt paddlade de för att lägga sig på rad. Flocken hade snabbt närmat sig. Med spänd förväntan höll de båtarna mot vågorna, och tittade nervöst mot åldermannen. Var det dags? Men den gamle såg fortfarande stint ut mot havet. Inte en rörelse, inte ett uttryck gick att skönja i hans ansikte. Sakta höjde han så sin hacka mot himlen. "Den är vacker", tänkte Aun och tittade återigen på den magiska fyrarmade hackan, som var dekorerad med stammens starkaste bilder. Vita våglinjer och nätverksmönster prydde den svarta penisformade stenarmen. Hav, fångst, liv och död – allt hade samlats till ett. Den hade alltid funnits där och ingen visste vem som gjort den. Det stjärnformade redskapet med de vita mönstren mot den svarta stenen hade tillverkats i tidernas begynnelse. Det var ett kraftfullt redskap och därför var det bara åldermannen som fick hålla den i sin hand. Han var den som kunde hantera de okända krafterna.

Plötsligt sjönk hackan ner. Aun tittade mot flocken och såg att några av de svart-vita hunnit för långt. "Dom slipper förbi. Dom som är sist också. Men det gör inget för nästan alla finns i mitten och dom skall vi allt driva in". När delfinerna var framför mynningen och hackan hade fallit började alla att skrika och ropa det högsta de kunde samtidigt som de slog med paddelårorna i vattnet. Spänningen började släppa. Männen skrattade och ropade om vartannat.

Nu gällde det! Förvåning och skräck syntes i flocken. De simmade och hoppade inte lika lugnt längre. Det gjorde Aun glad och ännu mer uppspelt. När delfinerna började röra sig in mot fjorden gällde det bara att alla båtarna höll sig på rätt plats. Han skulle aldrig glömma när Skaftölaget, som hade den yttre båten, välte omkull av upphetsning och Bokenäsmännen fick hjälpa dem upp ur vattnet. Då försvann hälften av flocken på deras flank. "Det är detta som är risken då de yngsta männen är med för första gången. De vill så väl, men det går så lätt snett", tänkte han.

Framför honom kokade havet. "Tänk vad stora dom ändå är, man glömmer bort det från år till år." Äntligen var de innanför mynningen av fjorden. Det gick så fort att han inte riktigt hann med. Bakom honom syntes åldermannens båt. Han var alltid lite efter de andra. Men hans hesa förmanande röst hördes genom allt skrik, och skrän och plaskandet från alla delfinstjärtar. Snett framför sig på

Figur 41 Nästa uppslag. "Den första delfinen hade strandat – snabbt var de gamla där och hackorna, spjuten och yxorna rörde sig vilt över den stora svart-vita. Runt omkring var alla ivriga att komma ur båtarna."

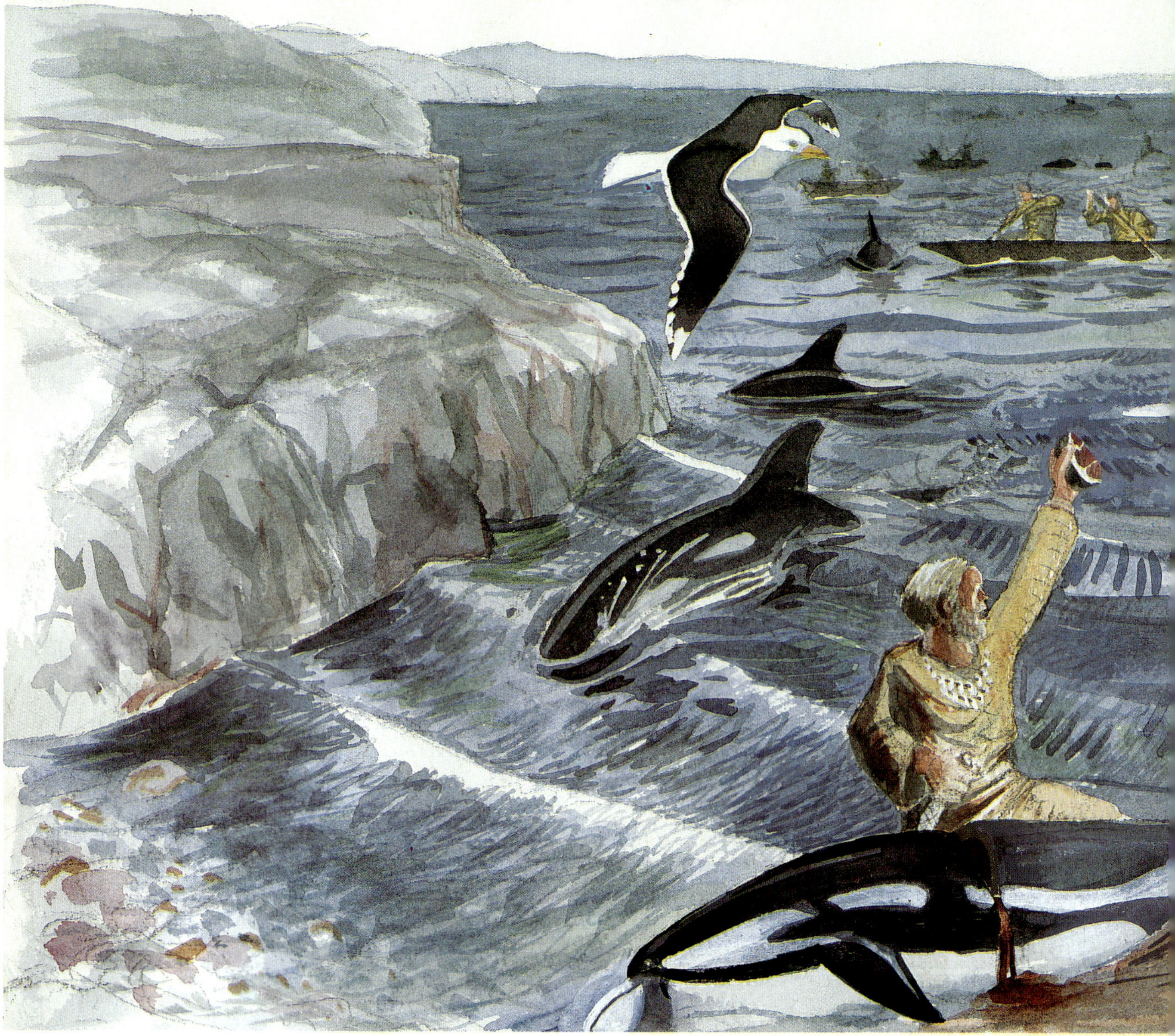

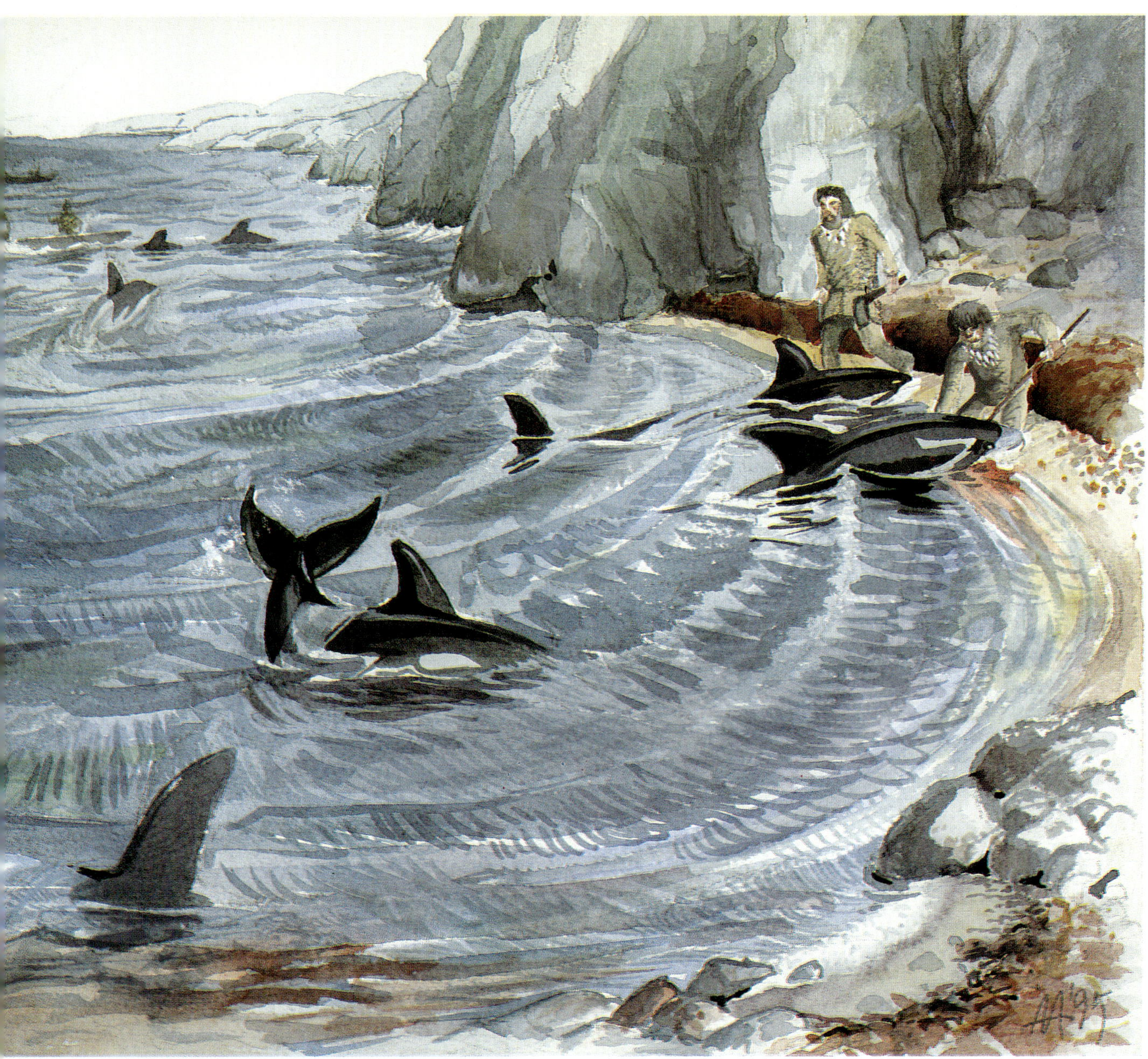

land invid bäckmynningen såg Aun sin egen hustru och sina barn stå vid stranden. Det märktes att barnen hade smittats av de vuxnas upphetsning för de sprang vilt kring hennes ben och pekade och viftade. Ena stunden mot flocken och nästa ögonblick mot pappa i båten. Mammorna förmanade barnen så gott de kunde. Tyst måste man vara, annars vredgades den svart-vita guden och flocken vände åter ut mot havet.

Båtarna som låg närmast stränderna började sakta paddla in mot centrum. Tillsammans bildade de en halvcirkel, och drev den hysteriskt hoppande flocken framför sig in mot land. Nu började de lite äldre männen vid stranden att gå ut i vattnet. Tänk att de inte kunde hålla sig längre. I sin upphetsning sprang gubbarna rakt ut tills höftskynket blev alldeles genomvått. Men genast backade de några steg och för första gången hördes ljudliga skratt från kvinnorna som fortfarande väntade på stranden.

Den första delfinen hade strandat – snabbt var de gamla där och hackorna, spjuten och yxorna rörde sig vilt över den stora svart-vita. Runt omkring var alla ivriga att komma ur båtarna. "Kom igen!", ropade Auns knäsittande vän i fören. "Det går att hoppa i nu". De pressade båtsidan nedåt genom att luta sig åt sidan, och med ett skrik hoppade de samtidigt i vattnet. Runt omkring dem bubblade havet. En stjärt från en av delfinerna slog till över Auns ena ben, och till hans förvåning var han plötsligt under vattnet. Som tur var såg ingen detta. Alla hade annat att tänka på. Runt omkring sig såg han hur de svart-vita kropparna färgades röda.

Skriken och förmaningarna blandades med det grova dunkandet då hornhackor och flintyxor ideligen träffade sina mål. Aun kastade sig mot den närmsta svart-vita som strandat framför honom. För första gången såg han delfinens öga stirra. Han tackade ljudligen den svart-vite guden för att han hade skänkt honom denna underbara gåva och lät hackan träffa djuret med full kraft.

Runt om honom övergick det gråblå havet i rött. Det var inte längre bara vid stranden utan också längre ut i fjorden som vattnet hade skiftat färg. Knappt hade den svart-vite slutat sin kamp innan hustrun var där. "Vänta", sa Aun, "Vi måste grovhugga den innan ni kan ta över". Bakom honom dök hans vän upp. "Vi tar din först och sedan får du hjälpa mig", sa han. Tillsammans delade de upp den svart-vite i de sedvanliga bitarna. Alla skulle ju ha sitt, gammal som ung.

Efter att ha huggit bort de meterlånga fileerna, som låg längs kotraden, ropade de tillbaka kvinnorna. "Ta detta först", sa Aun och lämnade över det tunga huvudet. "Är du riktigt klok", sa de, "Klart att du måste hjälpa oss". Tillsammans lade de det på stranden. "Håll nu hundarna borta", sade de till barnen, "för vi skall ta hand om det senare. Hundarna skall, liksom ni, få något gott att tugga på om en liten stund bara". Hustrun böjde sig ner över ett av köttpaketen och styckade av sex kotor med flintkniven – skar loss köttet och lade det åt sidan bland de andra bitarna. Barnen frågade om de fick leka med kotraden. "Javisst", sade Aun. "De kotor som jag behöver har jag redan tagit." Storebror påstod att han kunde kasta sitt paket med sex kotor längre än lillebrors enda lilla kota. "Vi får väl se", sader lillebror. Med ett plums hamnade benen i vattnet. "Där ser du brorsan, jag kom längre med min kota än du med hela ditt paket. Jag är starkare än vad du är".

Det höggs och skars och styckades. Sedan fördelades bytet rättvist mellan stammens medlemmar. När solen hade gått ner tändes eldarna längs stranden. Aun kände sig lite trött efter att ha delat en lever med barn och hustru. I ögonvrån såg han hur frun petade ut några rostade hasselnötter ur elden med huggspånet av trä. Spånet tog naturligtvis eld eftersom hon rörde för länge i glöden, men med ett enkelt blåsande slocknade stickan för alltid. "Jag skall bara vila mig en liten stund", tänkte Aun och lutade sig bakåt. Ögonlocken föll tungt ner och omgivningens sorl försvann sakta bort i dimman.

Fiskben och fiskekrokar i mängd

Betydligt mindre dramatiska var nog de vardagliga fisketurerna. Av den stora mängden fiskkotor att döma så har fisk stått på matsedeln åtminstone sex dagar i veckan. Den fisk man fångade mest var torsk och långa. Just långan tycks ha varit mycket vanlig utefter kusten under äldre stenåldern. Detta gäller speciellt tiden innan Öresund hade bildats – när salthalten i havet var högre än idag. Inget utflöde av sötvatten kom ju den vägen. Andra fiskarter som har identifierats är sill, pigghaj och kolja.

Inom alla områden med fynd från jägarstenålder (möddingen, tältet och djupa gropen) har vi hittat en stor mängd fiskekrokar av ben. Från de två äldsta bosättningarna, tältet och djupa gropen, ser krokarna ut på samma sätt (figur 42). Jämför man däremot dessa krokar med de från den yngre boplatsen vid möddingen så finns en skillnad i sättet att fästa linan. De äldre krokarna har ett eller flera små hack där tråden kunde fästas, medan det på de yngre finns en liten klack som mothak för linan (figur 43). För några år sedan hittade man på en dansk boplats, ungefär samtida med de yngsta stenålderskrokarna på Huseby klev, en krok på vilken till och med delar av linan fanns bevarad. Linan var tillverkad av ett läder- eller tarmmaterial.

Fiskben och fiskekrokar i mängd

Figur 42 *Två stycken fiskekrokar av ben som är från de äldsta bosättningarna vid Huseby klev. Längst upp ser man två benbitar från tillverkningen. Den högra är ett förarbete där man börjat skära i benet för att spara ur tomrummet mellan skaftet och hullingen. Till vänster ser man en sådan tillverkningsrest. Foto Bengt Nordqvist.*

Krokarna från Huseby är med något enstaka undantag mycket små, vilket är förvånande eftersom fiskbenen visar att det i allmänhet är mycket stora fiskar som man fångat. Den enda rimliga förklaringen är att de stora fiskarna har fångats på ett annat sätt. En metod kan ha varit att i gapet på den fisk, som man agnade med, föra ner små träpinnar som spetsats i båda ändar och hade en lina fäst på mitten. När agnet sedan svaldes tvärställdes pinnen och fisken var fast. Vi har från djupa gropen ett par tillspetsade pinnar som sannolikt är sådana fiskeredskap. Man fiskade säkert också med hjälp av olika typer av fasta fångstanordningar. Det kan ha varit både mjärdar och ryssjor som tillverkats av vidjekvistar. Det är till och med troligt att man redan vid den här tiden fiskat med nät.

Det fanns emellertid inte bara fisk- och delfinben i djupa gropen utan också ben från djur som visar att jakten inte var oviktig. Av större däggdjur finns det ben från kronhjort, rådjur och vildsvin. Framförallt har kronhjort och vildsvin varit mycket betydelsefulla villebråd under jägarstenåldern. Kronhjorten var också betydligt större än den som finns idag. Andra djurarter som har identifierats är gråsäl, utter och räv. Dessutom fanns björn representerad i form av en tand.

Vid den här tiden fanns också den numera utrotade uroxen, som levde i flockar framförallt på strandängar. Att uroxben inte hittats i Huseby klev kan förklaras med att den helt enkelt inte fanns så pass långt ut i skärgården. Mer besynnerligt är det att vi heller

100

inte har lyckats hitta ben av älg, som borde ha funnits på Orust. Kanske är det så att vi trots allt har hittat älg, fast bara i avbildad form. Det är en liten bearbetad benbit som till formen påminner om ett älghuvud. Det finns också en liten fördjupning på exakt det ställe där ögat borde sitta. Kan det vara så att älgen har varit ett totemdjur för hela stammen och att den därför inte fick jagas? Att de andra stora däggdjuren har utnyttjats på många sätt visar flera av de benredskap som vi hittat. Av kronhjortens horn tillverkade man både hackor, yxor och så kallade "mellanstycken" som man använde vid tillverkningen av olika flintredskap.

Vad kan vi säga om det välbevarade träet? Tyvärr inte mycket i skrivande stund. Allt trä och all bark genomgår för närvarande konservering genom frystorkning. Träbitarna får helt enkelt ligga i frysboxar under ett antal månader och först därefter kan de studeras på allvar. Vi vet emellertid att det finns en hel del trä som har bearbetats och har spår efter yxhugg. Genom experiment går det förhoppningsvis att säga vilken typ av yxor som har använts. Påfallande många träbitar är också brända i ena änden (figur 45). Med blotta ögat har vi kunnat urskilja träslag som björk, tall och en. Säkert kommer vedartsanalyserna att spåra fler träslag – inte minst hassel som det bör ha funnits mycket gott om i kleven vid den här tiden. En svårighet med att identifiera exempelvis en fragmentarisk pilbåge är att träets ursprungliga form har förändrats en hel del genom leran och havets tyngd – runda trästycken har blivit nästan helt platta.

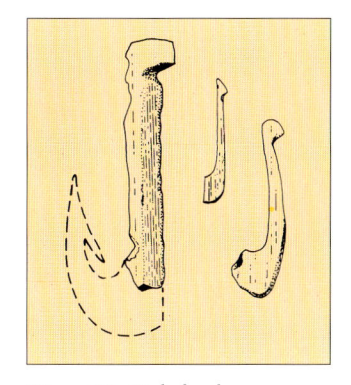

Figur 43 Fiskekrokar av "yngre" modell som hittades på den 7 000-åriga bosättningen vid "möddingen". Den fragmentariska kroken till vänster är den största av samtliga krokar från Huseby klev. Skala 1:1. Teckning av Anders Andersson.

Figur 44
En bit av ett horn från en kronhjort så som den låg i den skalinblandade leran i djupa gropen. Foto Louise Olsson.

Huseby klev är på intet sätt den enda boplats där man har funnit bevarade trärester från den här tiden. Både i Skåne, Danmark och Tyskland finns flera boplatser med välbevarade trämaterial. Alla dessa boplatser har dock legat invid mossar och sjöar inne i landet och följaktligen i en helt annan miljö med andra levnadsbetingelser. Man tror att människorna på inlandsboplatserna under vissa delar av året även vistades vid havet. Men som vi har sagt tidigare vet vi ingenting om dessa eventuella kustbosättningar. Skillnaderna mellan olika typer av boplatser skall ändå inte överdrivas och naturligtvis fanns det också stora likheter mellan inlandsboplatserna och boplatsen vid Huseby klev. Antagligen kan den stora mängden bark som hittades i djupa gropen förklaras just utifrån iakttagelser på de danska så kallade mossboplatserna. Där har nämligen barken använts som isolering inne i hyddorna. Barken, huggspånen, de många förkolnade träbitarna med mera – allt detta sammantaget tyder på att trä- och barklagren i djupa gropen till stor del härrör från bortspolade hyddrester. I dessa lager fanns också stora mängder med hasselnötter och olika slags fröer. Hasselnötterna kan räknas i tusental och på en mycket stor andel, uppskattningsvis en fjärdedel, ser man att skalen är brända. Det verkar alltså som om rostade nötter har varit väldigt populära. Eftersom brända hasselnötsskal har den egenskapen att de är mycket svårnedbrytbara så kan man hitta sådana skal också på boplatser där annars bara flinta och sten har bevarats. Nötterna har varit mycket betydelsefulla under hela jägarstenåldern. De är rika både på fett, protein, fosfor och kalk. På danska boplatser har man också hittat stora mängder med ekollon. I ett senare skede än bosättningen vid djupa gropen blev sannolikt också almen betydelsefull som nä-

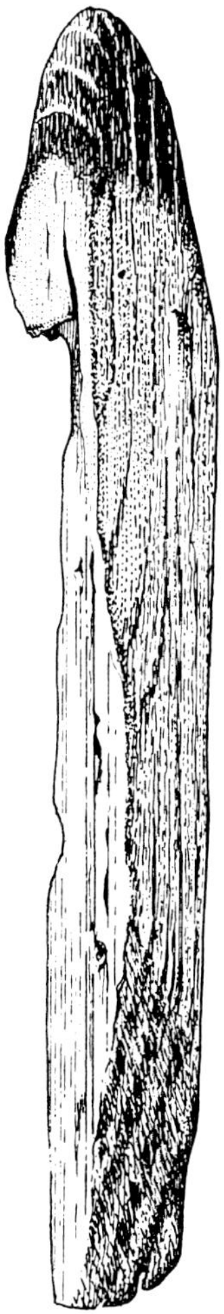

Figur 45
Ett över 9 000 år gammalt bearbetat trästycke som är bränt i ena änden (något förminskad). Teckning av Anders Andersson.

ringskälla. Man åt av almens vingfrukter, den så kallade mannan. Dessa fröer har också den fördelen att de lämpar sig alldeles utmärkt för att lagras. För omkring 6 000 år sedan drabbades norra Europa av almsjuka och det finns forskare som menar att det var bristen på alm som påskyndade den process som fick befolkningen att övergå till att bli bönder. Är detta riktigt så säger det en hel del om almens stora betydelse.

Om vi återgår till djupa gropen så hittade vi här Nordens äldsta äpplen. Det rör sig om mängder med små förkrymta kärnhus av vildapel. Det finns ingen anledning att betvivla att också äpplena användes för olika ändamål, och det är fullt möjligt att man redan då framställde någon form av alkoholhaltig dryck. Andra fröer från djupa gropen är t.ex. nypon, slånbär och hägg. Fröerna ger tillsammans med det bevarade träet och analyser av bevarade pollen en mycket god bild av hur landskapet vid Huseby klev såg ut för mer än 9 000 år sedan.

Vi har knappt med ett ord nämnt den annars vanligaste, oftast enda, fyndkategorin som man hittar på stenåldersboplatser, nämligen flintan. Här fanns de typer av flintor som man brukar hitta på boplatser från den tiden, men mängden var inte speciellt stor. Från djupa gropen finns ett antal pilspetsar som har en liten hulling strax nedanför spetsen. Typen är inte speciellt vanlig men ändå karakteristisk för tiden, och har tidigare hittats på överlagrade (=översvämmade) boplatser. Annars finns det några enstaka flintyxor av enklare typ, skrapor för bearbetning av skinn, borrar för att göra hål i

Figur 46
En av flera så kallade hullingspetsar från Huseby klev. Denna typ av pilspets hittades både i "tältet" och i "djupa gropen". Skala 1:1. Teckning av Anders Andersson.

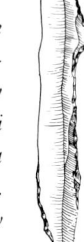

Figur 47 Vinterbild från november 1993 tagen uppe från fornborgsberget. Den sjutusen år gamla hyddan låg strax utanför bilden till vänster. "Djupa gropen" ses intill det största av träden. Det långa schaktet längs dalgången har grävts för att göra det möjligt att knyta ihop alla jordlagren i kleven. Hela den 50 meter långa och 2–3 meter djupa profilen i schaktet fick ritas av för hand. Foto Robert Hernek.

trä, sticklar för att klyva benstycken samt ytterligare redskap vars funktion man inte alltid känner till.

Nordens äldsta människa

Bland de viktigaste fynden är ändå kvarlevorna av de människor som en gång bodde i Huseby klev – de äldsta människobenen som har hittats i Norden. Det är inte fråga om hela bevarade skelett utan benen låg huller om buller som så mycket annat i djupa gropen. Därför är det sannolikt att knotorna härrör från gravar som eroderats fram och spolats ut i strandkanten när havet åter började höja sig.

Märkligt nog gjordes redan i juli 1994 ytterligare skelettfynd från tidig jägarstenålder. Benen upptäcktes när en lantbrukare dikade ut en mosse vid sjön Åsunden, inte långt från Ulricehamn i Västergötland. Vad han då fann var flera delar av ett människoskelett, bl.a. ett mycket välbevarat kranium. Skelettet har tillhört en man med mycket grova ansiktsdrag. Det är troligt att han har drunknat, kanske brast isen när han gick över den forntida sjön. Man antog till en början att skelettet var från vikingatiden eller möjligen något äldre. Det var därför en mindre sensation när kol14-dateringarna visade att den s.k. Bredgårdsmannen var från en tidig del av äldre stenålder, eller cirka 8 600 år gammal, d.v.s. "bara" 500 år yngre än människorna vid Huseby klev.

Figur 48
Ett av de äldsta människobenen från Huseby klev. Det är ett lårben som har tillhört ett barn i 12-årsåldern. Skala 1:3. Teckning av Anders Andersson.

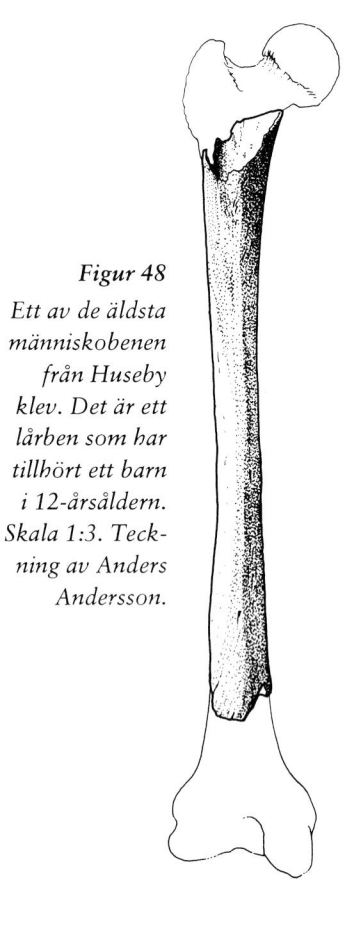

För att återgå till Orust så finns det sammanlagt ett tiotal ben från flera olika individer. Av benen kan nämnas ett lårben från ett barn i tolvårsåldern (figur 48), ett vårtutskott (från örats baksida), en ledkula till ett överarmsben, en del av en överkäke, en del av en kindknota och en bränd tåled. Förhoppningsvis kommer antalet att öka när alla ben har analyserats. Trots att benen inte är fler så kan dessa ändå ge en hel del information. Förutom att de har åldersbestämts genom kol14-analys har också halten av kolisotopen kol13 uppmätts. Anledningen är att mängden kol13 kan berätta om man i huvudsak har levt på fisk eller av animalisk föda från landdäggdjur. Benen från Huseby klev visar att man nästan uteslutande har levt på marin föda – halten kol13 är så hög att man bara har funnit motsvarigheter inom vissa eskimåstammar.

Vi vet alltså att människorna i Huseby klev huvudsakligen fick sin försörjning från havet, men vi har också sett att hasselnötter och andra växter har varit viktiga. Går det då att få reda på ungefär hur mycket vegetabilier man åt? Ja, även detta är numera möjligt med andra typer av isotopmätningar. När det gäller den animaliska födan går det till och med att bestämma var i näringskedjan som uttaget ägt rum.

Människobenen kan ge mer information än så om man studerar arvsanlagen genom analyser av DNA. Denna forskning är ännu i sin linda, och det var först så sent som 1989 som de första rapporterna berättade att man funnit DNA i gamla ben. Hittills har forskandet mest varit inriktat på mycket gamla människoben –

Figur 49 Arbetsbild från djupa gropen. I förgrunden ser man delfinben samt ett större trästycke. Foto Bengt Nordqvist.

främst ben från neanderthalmänniskor, som levde för 300 000 till 30 000 år sedan. Anledningen till detta är att man vill lösa problemet med människorasens (homo sapiens) ursprung och spridning över jordklotet. Grunden för forskningen är att spåra de så kallade mitokondrierna som har den egenheten att de bara ärvs på kvinnosidan. Forskningen kring DNA öppnar upp nästan oanade möjligheter inom arkeologin, ungefär på samma sätt som kol14-metoden gjorde när den första gången introducerades på 1950-talet. Genom DNA-analys kan man få svar på frågor om släktskap mellan individer, om invandring, folkvandringar m.m. Metoden har redan visat att Tor Heyerdals teorier om att Påsköns ursprungsinnevånare kommit från Sydamerika troligen är felaktig. Analyser på ben från gravar som Heyerdal undersökte på 1950-talet, talar för att dessa människor var av polynesiskt, och i förlängningen Sydostasiatiskt, ursprung.

Människorna i Huseby klev

Vad var det för människor som bodde vid Huseby klev för 9 000 år sedan? Hur många var de, hur såg de ut, vad tänkte de? Detta är frågor som är mycket svåra och ibland omöjliga att besvara. Ofta blir det rena gissningar. Jämförelser med nu eller nyligen levande naturfolk kan ge en del upplysningar, men det är också vanskligt att dra långtgående slutsatser utifrån sådana paralleller.

Från så avlägsna tidsperioder som det här är fråga om finns inga egentliga arkeologiska jämförelser – framförallt inte när det gäller boplatser som legat vid kusten. På kontinenten finns visserligen både grottmålningar och gravar som är ännu äldre, men deras skapare levde i en helt annan miljö och under helt andra förutsättningar än folket i Norden för 9 000 år sedan. Vill man veta mera om de tidigaste människorna vid Huseby klev får man söka sig till en senare del av äldre stenålder. Mest information ger gravarna. För bara 25 år sedan fanns det mycket få kända gravar från jägarstenåldern, men under senare år har ett flertal blivit upptäckta och idag är antalet kända gravar i Norden ungefär 50 stycken. På två platser, den ena vid Skateholm på den skånska sydkusten och den andra vid Bøgebakken vid Vedbæk norr om Köpenhamn, har man funnit hela gravfält. Gravarna är alla något yngre än kökkenmöddingen vid

Figur 50 En hacka av kronhjortshorn funnen i djupa gropen. Hackan har gått av precis vid skafthålet. Foto Bengt Nordqvist.

Huseby klev. Det har visat sig att de har varit placerade mycket nära, eller till och med på själva boplatsen och barngravar har påträffats i i direkt anslutning till hyddan. Genom denna närvhet blev man säkert ofta påmind om sina avlidna släktingar.

Sammantaget visar gravarna en stor variation i sättet att begrava sina döda. Det finns förutom enmansgravar också dubbelgravar, och i några fall ryms ännu flera individer. En grav innehöll resterna av åtta individer, däribland tre nyfödda. De döda har placerats både liggande och sittande och av kroppsställningen att döma har kroppen ofta varit invirad i skinn. Det finns också exempel på att de döda har bränts på bål.

I ett par fall verkar det som om de döda har placerats i stockbåtar. Den förmultnade båten har vid undersökningen avtecknat sig som en mörk, tunn strimma i jorden. Från Ærø i södra Danmark finns också ett exempel på en båtgrav under vattnet. I en uttjänt stockbåt har man placerat en mansperson. Båten har sedan virats in i bark och förankrats på havsbotten med två kraftiga pålar. Det är alltså möjligt att människobenen från Huseby klev kan härröra från en liknande typ av grav. Ett sådant gravskick skulle kunna förklara varför man har hittat så få gravar från äldre stenålder i Bohuslän. Den enda säkra graven finns i Uleberg vid Hunnebostrand och den upptäcktes år 1929.

Från djupa gropen finns också en bränd tåled. Troligen är det fråga om en grav där den döde har kremerats, men man kan heller inte utesluta att människorna vid Huseby klev har ägnat sig åt någon form av kannibalism. Det finns fynd från en dansk boplats, Dyrholmen på östra Jylland, som visar att det antagligen har förekommit kannibalism i Norden. Det rör sig om flera ben som spaltats sönder i syfte att komma åt benmärgen. Riktigt otäck är fyndet av ett barnkranium med snittspår som visar att barnet har blivit skalperat.

Skeletten i gravarna visar annars att människorna varit tämligen friska med få kroniska sjukdomar. Helt kärnfriska var de emellertid inte. I Skateholm hade samtliga män diskbråck, andra hade brutit benet eller hade andra skador på skelettet. En kvinna har lidit (och kanske dött) av benröta. Från samma gravplats har man också konstaterat att människornas skallben var tjockare än vad som borde vara normalt. Anledningen till detta tros vara blodbrist som i sin tur har uppstått av binnikemask.

Dödsorsaken har i de flesta fall varit svår att avgöra men det finns ett par exempel på ond bråd död. En man från Bøggebakken har blivit dödad av ett pilskott rakt framifrån. En annan man, från Skateholm, har också träffats med ett pilskott – i underlivet. Därefter har han blivit styckad. I ytterligare ett par fall har man hittat pilar i bröstkorgen, pilar som kan ha varit dödande. Exemplen visar att jägarstenålderns slutskede inte har varit en helt fredlig tid men säger egentligen ingenting om förhållandena i Huseby klev. I det avseendet kanske tillvaron där var trygg.

Mest utsatta var kvinnorna där varje förlossning innebar en betydande risk. En kvinna i en grav i Skateholm har dött under eller strax efter förlossningen. Man har uppskattat den genomsnittliga

Figur 51 Nästa uppslag. Den över 9 000 år gamla bosättningen vid Huseby klev. Akvarellmålning av Anders Andersson.

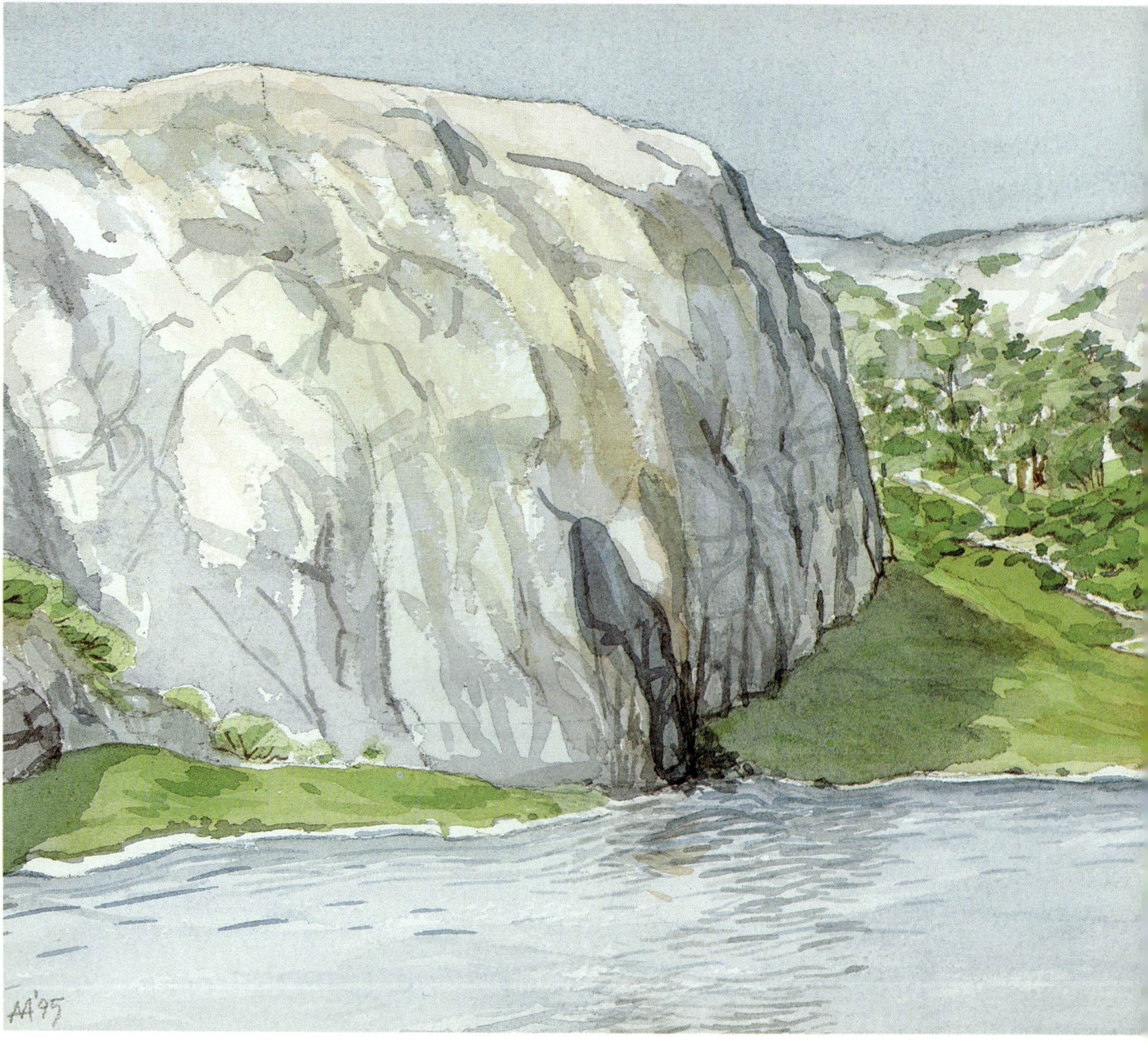

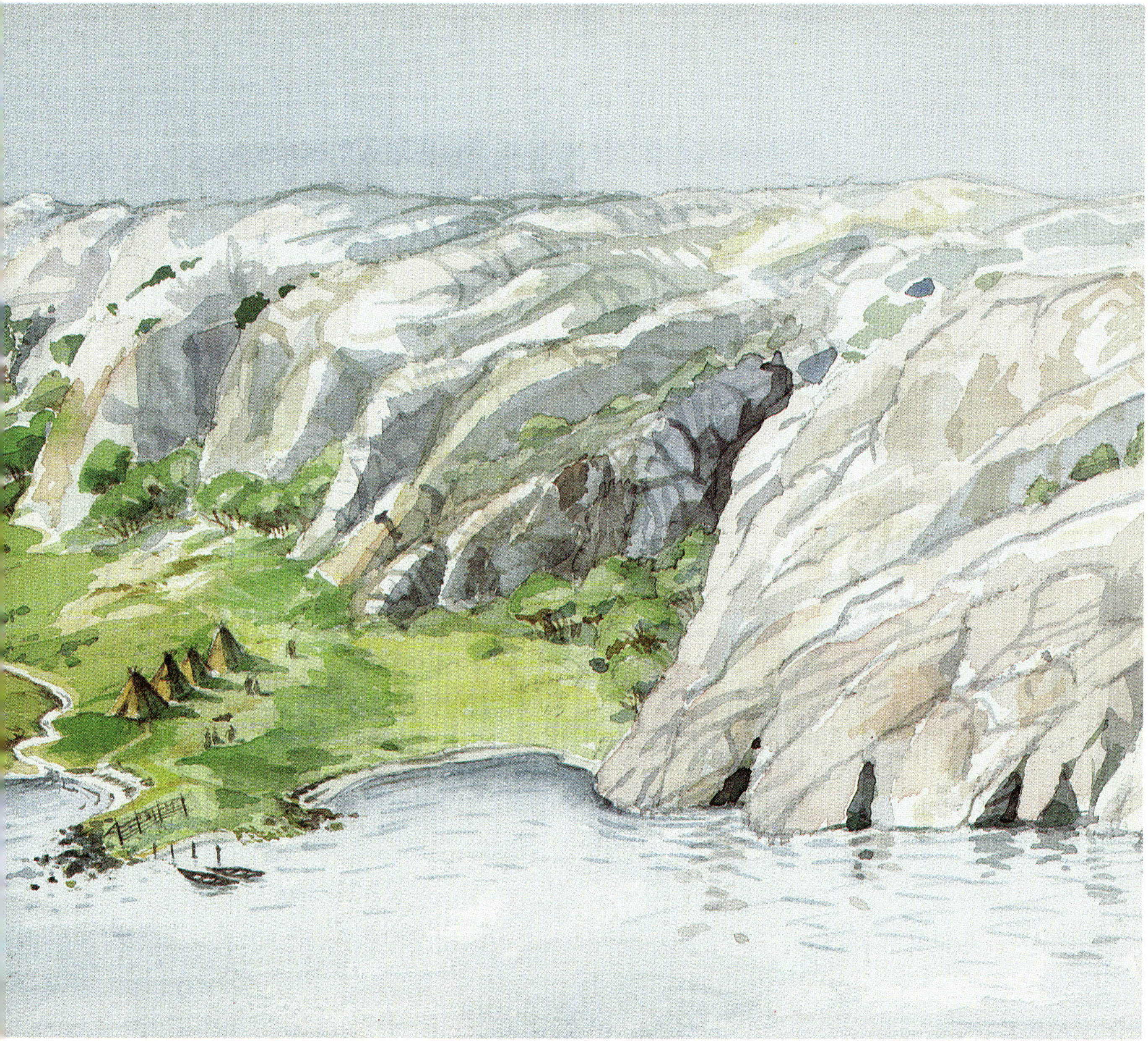

Figur 52
En vildsvinstand som har använts som hängsmycke. Den har gått av precis vid hålet. Skala 1:1. Teckning av Anders Andersson.

levnadsåldern till cirka 35 år men det finns enstaka individer som kommit upp i 60-årsåldern – en ålder som idag på många sätt betraktas som rena ungdomen. När det gäller kroppslängden så beräknas den ha varit cirka 168 cm för män och 155 cm för kvinnor. Efter jägarstenåldern minskar mannens kroppslängd och det är först mot slutet av 1800-talet som genomsnittslängden återigen överstiger stenåldersjägarens. Kvinnans längd har inte varierat lika mycket. Däremot har hennes utseende förändrats en hel del. Det finns flera exempel som visar att kvinnans ansiktsform under jägarstenåldern var mer robust, med utpräglat manliga drag.

Genom hela förhistorien har man haft seden att lägga ner föremål i gravarna. Föremålen kan vara rena gravgåvor eller saker som man behöver på, eller under resan till, den andra sidan. Det är först i och med kristendomens införande som detta bruk upphör. Vad fick jägarstenålderns människor med sig i graven? Även här tycks variationen vara stor både mellan könen och mellan olika regioner. Det är vanligt med olika smyckeuppsättningar av tandpärlor fästade på kläderna, som halsband eller fastsatta runt höften. Tänderna kan vara av varierande ursprung, som från björn, uroxe, älg, kronhjort, rådjur, vildsvin och i ett fall, i en dansk grav, från människa. I Huseby klev hittades ett sådant tandsmycke. Det var en vildsvinstand med upphängningshålet längst ner på tandroten (figur 52).

Andra föremål man hittat i gravar är stenyxor, flinteggspjut, hornyxor, benharpuner och flintknivar. Bevarade flintpilar tyder också på att både pil och båge följde med i graven.

Några av fynden från Huseby klev kan vara gravgåvor från borteroderade gravar. Det gäller särskilt två små obearbetade bärnstensbitar. I ett par danska gravar fanns just sådana gravgåvor. Bärnstenen från Huseby klev har med säkerhet förts hit från Danmark eller Skåne, eller från något av de landområden som idag ligger på havets botten.

På Bøgebakken fanns en barngrav där den döda placerats på en svanvinge. I andra fall har den döde legat på kronhjortshorn. En vanlig sed har varit att beströ den döde med ett rött färgämne (rödockra) som är järnhaltigt, och finns i vattendrag. Färgämnet har framställs genom upphettning. Traditionen har levt vidare i olika omfattning under flera tusen år.

Det finns exempel på att även hundar ibland fick sina egna gravar, och i Skateholm hade en hund beströtts med rödockra. Också på en mycket gammal boplats vid Hornborgasjön i Västergötland har man träffat på fragmentariska rester efter en hundgrav med rödockra. Några hundben har vi hittills inte kunnat finna i materialet från Huseby klev – däremot något så ovanligt som två stycken hundbajsar. Att till och med dessa har bevarats beror på att hunden ätit mycket ben och bajsen därför bestått nästan bara av ren benmassa.

Figur 53
Glenn Johansson under arbete i djupa gropen. De gula och röda byggmattorna var till för att förhindra tjäle. Foto Bengt Nordqvist.

Det skall än en gång påpekas att gravarna i Skåne och Danmark är betydligt yngre än fynden från djupa gropen. Bland annat av den orsaken kan man inte dra direkta slutsatser om människorna vid Huseby klev. Man får inte glömma bort att äldre stenåldern omfattar en mycket lång tidsrymd, och att mycket hinner hända under årtusendenas lopp.

Hur många människor bodde det i Huseby klev, och i Bohuslän överhuvudtaget? Detta är en sådan fråga där andra jägarsamhällens organisation kan lämna viktiga upplysningar. Samhället har troligtvis varit uppbyggt på kärnfamiljen, men familjen har inte bara bestått av man, hustru och barn utan ytterligare minst en eller ett par personer har ingått. Det kan ha varit äldre släktingar, någon änka eller änkling eller föräldralösa barn som har tagits om hand. Hos fångstfolk på andra håll i världen håller man ihop i grupper på cirka 25 personer. I Huseby klev kan tre eller fyra kärnfamiljer ha bott tillsammans, men varje familj har förmodligen haft sin egen hydda.

Längs hela kusten har det funnits sådana små grupper av människor. Går vi söderut kan man tänka sig att en grupp har bott i Nösund, en annan på Tjörn, ytterligare en på Marstrandsöarna, en på Hisingen och kanske ett par grupper längs Göta älvs mynning. I norr kanske en grupp höll till på Skaftö, en annan på Lysehalvön och så vidare. Grupperna har ingått i en större stam, som har haft mycket gemensamt, t.ex. traditioner, språk, eventuella kroppsmålningar, mönster på föremål m.m. Det är naturligtvis svårt att

Figur 54
Ovansidan av en yxa som tillverkats av ett kronhjortshorn. Yxan är funnen i djupa gropen. Skala 1:2. Teckning av Anders Andersson.

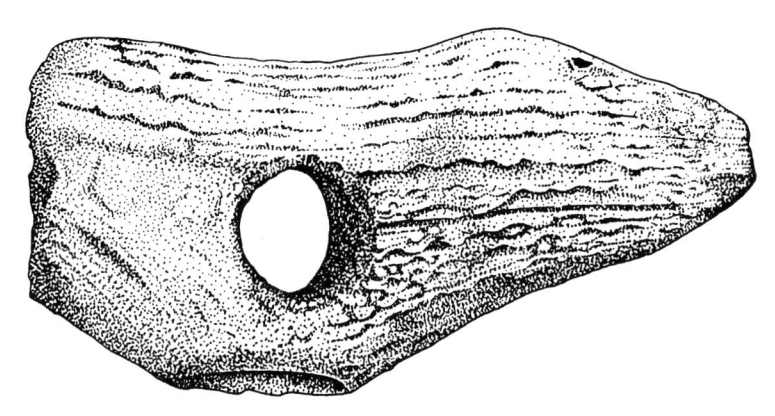

beräkna befolkningsstorleken, men man har tidigare försökt att göra en uppskattning och kommit fram till att det i Västsverige för 8 000 till 9 000 år sedan bodde cirka 400 till 500 personer.

Vid vissa speciella tillfällen har förmodligenn hela stammen samlats, t.ex. vid religiösa och andra högtider, och festat med dans, mat, och kanske tävlingar. Delfinjakten bör ha varit ett sådant tillfälle som samlade flera grupper. Sammankomsterna var säkert också mycket viktiga när man skulle skaffa sig en partner. Förmodligen fick kvinnan ofta vara beredd på att flytta till en annan grupp inom stammen.

Om gruppen vid Huseby klev bodde där året runt eller bara under delar av året vet vi inte ännu men det finns alla möjligheter att ta reda på detta. Det vore inte speciellt förvånande om det visar sig att Huseby klev har varit en basboplats där man bodde året runt.

Platsen är idealisk ur flera synpunkter. Förutom det skyddade läget fanns det tillgång till sötvatten. Den långa Morlandaviken utanför boplatsen lämpade sig antagligen utmärkt för fiske med fasta fångstanordningar. Ville man snabbt ut till öppna havet i väster kunde man ta sig längst in i viken, gå till fots en knapp kilometer för att där ta "extrabåten" ut till havs. Det har antagligen funnits gott om både säl och sjöfågel, och under försommaren kunde man samla mängder med fågelägg. Söder om boplatsen, uppe i det bergsområde som heter Storehamn, fanns både större jaktvilt, mindre pälsdjur, fåglar, bär, svampar m.m. Inom ett mycket närliggande område kring boplatsen fanns alltså flera olika "skafferier" att plocka ur.

Världens äldsta tuggummi?

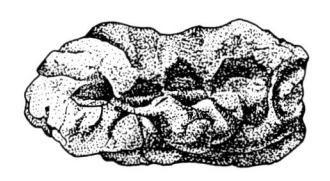

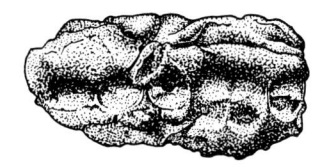

Vi har nu berättat en hel del om vad som fanns dolt under marken i Huseby klev. Visst hade vi stora förhoppningar när vi första gången satte spaden i marken på sensommaren 1992, men att det skulle dyka upp sådana förhistoriska "skatter" hade vi aldrig ens vågat drömma om. Platsen blev uppmärksammad i notiser och nyhetssändningar runt hela världen – främst tack vare något som antagligen är världens äldsta tuggummi, en hartsklump (kåda) med avtryck efter tänder.

Under årens lopp har vi självklart fått vara med om att göra ett och annat överraskande fynd och just de korta ögonblick då man hittar något extra tillhör onekligen kryddan i arbetet. Även om man kanske minns sina första "fina" fynd allra bäst, och upphetsningen över nya fynd har en tendens att avta något med åren, så var ögonblicket då man första gången såg tandavtrycket i hartsbiten något alldeles speciellt. Det var en märklig kontrast – att känna sådan närhet till dessa människor och samtidigt vara så långt från såväl deras liv som deras sätt att tänka.

Sedan det första tuggummit väl dykt upp kom snart flera i dagen. Avtrycken avslöjar ibland ett barn en annan gång en tonåring. Man kan se avtrycken av ej utväxta mjölktänder. I ett annat tuggummi finns avtryck från både en vuxen och ett barn. Här är det antagligen fråga om far och son eller mor och dotter. Tuggummina är på något sätt en länk mellan nutid och forntid. Med hjälp av avtrycken i hartsen kan vi resa tillbaka i tiden och göra bedömningar om tandstatus, slitage, bruket av tandpetare m.m. Ur den aspekten kan hartsen berätta en hel del om människorna i Huseby klev.

Fenomenet med tandavtryck i harts är annars inte någonting nytt även om de från Huseby klev är de allra äldsta som har hittats. Både i Danmark, Norge och Finland har man hittat stenålderstuggummi och man behöver inte gå längre än till Halland för att hitta ett liknande. Detta är emellertid fyra till femtusen år yngre än de från Huseby klev.

När undersökningen av djupa gropen avslutades, i december 1993, hade ett tiotal olika hartsbitar hittats men det var under sommaren 1994 som de flesta hartserna dök upp. De låg nästan alltid i lerlager som även innehöll mycket trä, bark och hasselnötter. Sammanlagt från djupa gropen finns ungefär etthundra olika hartsstycken. Så stora mängder har aldrig tidigare påträffats.

Innan vi går vidare och studerar avtrycken mera i detalj kan det vara på sin plats att fundera lite kring harts. Slår man upp ordet i ett lexikon så får man veta att harts är: *"... komplicerade blandningar av organiska ämnen, förekommande i växtceller. De bildas och utsöndras i stegrad mängd om växten såras. I färskt tillstånd är hartserna ganska flytande; de stelnar genom avdunstning av de flyktiga beståndsdelarna. Hartser från barrträd används för ytbe-*

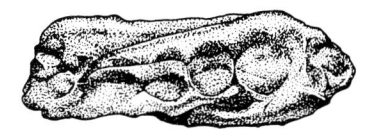

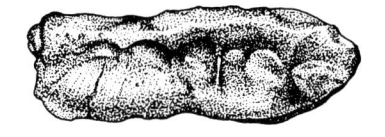

Figur 55 Två stycken "mandelformiga" tuggummin från djupa gropen (s. 122 och 123). Skala 1:1. Teckning av Anders Andersson.

handling av och i oljelacker" (ur: Bonniers, Media Familjelexikon).
Harts är alltså en typ av kåda, som enligt samma lexikon utgörs av "växtslem, växtgummi eller som hos barrträd, en harts".

Vi vet inte i skrivande stund vad hartsen från Huseby klev egentligen består av. Är den gjord av tallkåda eller utvunnen ur björknäver? Har den blandats upp med något annat ämne? Och om den har blandats upp – är det i så fall med olika tillsatser beroende på vad hartsen skulle användas till? Har en viss andel av hartsen enbart använts som tuggummi, eller är de en del i en bearbetningsprocess för att göra hartsen användbar?

Det finns goda skäl att anta att hartserna från Huseby klev kommer från björk. Genom s.k. gaskromatografiska analyser på andra stenålderstuggummin från Finland och Danmark har man visat att dessa består av björktjära eller björkkåda – en typ av kåda som inte kan samlas in, utan måste tillverkas. Från senare tider vet man att björkbeck har framställts genom torrdestillering av björknäver. Metoderna är flera men alla går ut på att man bränner nävern.

Man vet sedan länge att harts under stenåldern har fungerat som den tidens klister. Ett vanligt vapen under jägarstenåldern var flinteggspjuten (figur 34). Hartsen användes just för att sätta fast de sylvassa flintbitarna längs benspjutets sidor. En liknande funktion fick vi bevis för i Huseby klev. Det gäller en mycket fin pilspets av ben med kvarsittande hartsfäste. Pilens träskaft fanns inte kvar men det negativa avtrycket i hartsen visar att träskaftet har varit kluvet. Syftet har varit att förbättra kontakten och därigenom hållfastheten mellan träskaft och pilens spets (figur 56). Denna typ av benspets tillhör de äldsta man känner till. De har funnits ända sedan *Homo sapiens sapiens* första uppträdande för ungefär 30 000 år sedan.

Harts har också använts senare under förhistorien. Möjligen kan det vara så att den användes speciellt mycket under bronsåldern. Till denna tid hör nämligen de harpixkakor som man har funnit på flera olika platser. De runda hartskakorna kan närmast liknas vid stora brödkakor med hål i mitten. Hittills har man inte lyckats knyta dem till någon speciell funktion. Det är också vanligt att man i gravar från äldre järnålder hittar "hartsringar" – rester efter bottentätningar i olika typer av näverkärl och behållare.

Att kåda har använts som tuggummi finns det också skriftliga berättelser om. På 1700-talet skriver Carl von Linné att *"I Falun och alt ofwanföre til fiellen brukas ett synerligt maner: qwinfolket, sällan karlarna, tugga i kyrkan och annorstädes ett slags kåda, på särdeles sätt praeparerad, den de tugga, hwaraf spottet flyter starkt och utspottas ... När hon tuggas exciterar hon starkt ptyalismum och säges med tiden förskäma tänderna. Hon brukas i munnen tils hon blir röd, hård och tröttsam att tugga"*. "Hon" består i den här berättelsen av kåda från gran.

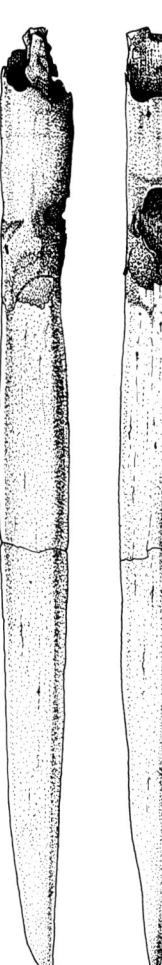

Figur 56
Ett av de unika fynden från djupa gropen är en pilspets av ben med kvarsittande harts vid infästningen till pilens träskaft. Spetsen är sedd från två olika håll. På den undre har den vridits ett kvarts varv.
Skala 1:1.
Teckning av Anders Andersson.

Olika typer av avtryck

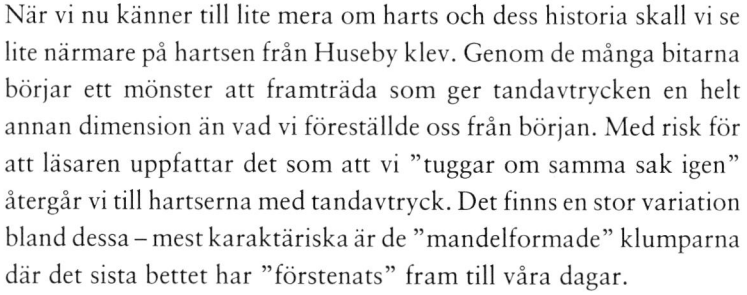

När vi nu känner till lite mera om harts och dess historia skall vi se lite närmare på hartsen från Huseby klev. Genom de många bitarna börjar ett mönster att framträda som ger tandavtrycken en helt annan dimension än vad vi föreställde oss från början. Med risk för att läsaren uppfattar det som att vi "tuggar om samma sak igen" återgår vi till hartserna med tandavtryck. Det finns en stor variation bland dessa – mest karaktäriska är de "mandelformade" klumparna där det sista bettet har "förstenats" fram till våra dagar.

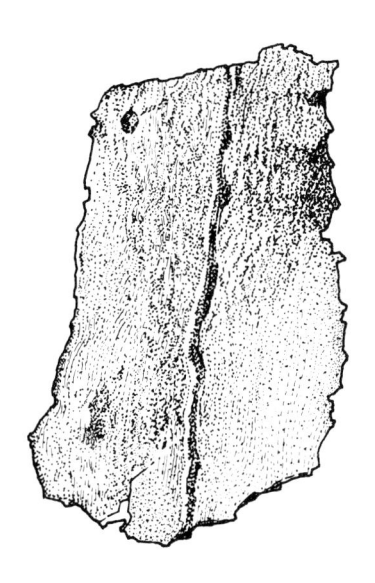

Några av tuggummina har analyserats av en tandexpert från Köpenhamn. Undersökningen visade att det är de äldre barnen och de yngre tonåringarna som har tuggat på de mandelformiga harts-klumparna. En av dem skiljer sig emellertid från de övriga. Det är ett förhållandevis plant och tunt stycke med en stor mängd tandavtryck från, som det visade det sig, två individer. Först har ett barn tuggat och därefter har en vuxen person "bättrat på" genom att kompletteringstugga. Kan det vara så att denna hartsbit representerar ett mellanled i en arbetsprocess? Vi står alltså inför två möjligheter. Den ena är att barnen tuggar hartsen för att det är ett roligt elastiskt material som smakar gott. Den andra möjligheten innebär att tuggandet är ett praktiskt arbetsmoment som syftar till att få en hartsblandning lämplig som lim, tätningsmedel eller liknande.

Förutom tuggummina finns även andra hartser med avtryck som låter oss komma människorna mycket nära inpå livet. En av dessa är en ihålig sockertoppsformad bit. Den har varit uppträdd på en trekantig träpinne, antagligen över en eld för att få hartsen mjuk. Medan den ännu var mjuk har han eller hon vilat biten mot sitt lår, och än idag finns avtrycken efter både hud och hårstrån. Till samlingen fantastiska ögonblicksbilder hör fingeravtrycken! Det tydligaste finns på en bit som uppenbarligen varit ämnad för att täta en mindre spricka. För att få sprickan riktigt tät har man tryckt till lite extra med fingret och på så sätt lämnat ett avtryck till historien.

Mest spännande är ändå en stor grupp platta hartsbitar som har avtryck av längsgående träfibrer. Det är med hjälp av dessa vi kan börja spekulera kring hartsens primära funktion. Vanligen finns träintrycken bara på ena sidan medan den andra är helt slät. Gemensamt för de platta bitarna med träfiberavtryck är att de har en längsgående upphöjd list eller vulst. Vulsten, som också är ett avtryck, visar att hartsen har fyllt ut en längsgående spricka.

Det finns dessutom ett mindre antal mer eller mindre platta hartsstycken med avtryck av tvinnade snören! Hartsen har varit så mjuk och smidig när den applicerades att det till och med går att urskilja träfibrerna i basten. Genom att jämföra med nutida tvinnad bast är det möjligt att rekonstruera de snören som har lämnat

Figur 57 Över- och undersidan av en platt hartsbit som har tätat en mindre spricka (s. 126 och 127). Till höger ser man undersidan med avtryck av träfibrer och fingrar (pilarna pekar mot fingeravtrycken). Skala 1:1. Teckning av Anders Andersson.

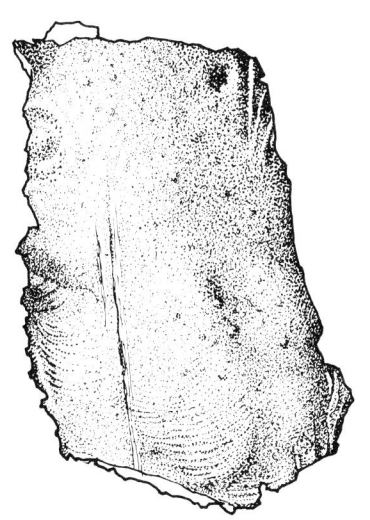

Olika typer av avtryck

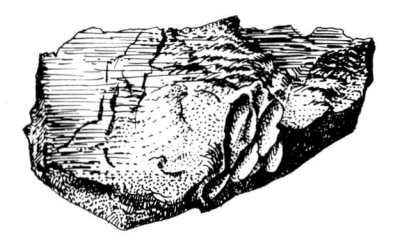

Figur 58 En hartsbit med avtryck efter ett tvinnat snöre. Flertalet avtryck var annars efter tunnare snören. Skala 1:1. Teckning av Anders Andersson.

avtryck i hartsen. Några bitar har både träfiberavtryck och avtryck efter snöre – flera har även avtryck efter något redskap som har används för att trycka fast hartsen.

Vad betyder nu allt detta? Att hartsen har utnyttjats till någon form av tätningar står utom all tvivel. Säkert är också att snörena har använts för att sy samman två eller kanske flera trästycken. På någon hartsbit ser man hur två olika snören möts just vid hartstätningen – de kan inte vara annat än sömmar som har tätats med harts. Noggrannheten i arbetet tyder på att sömmen skulle vara absolut tät. Även hartsbitarna utan snören har varit liknande tätningar. Det finns inte bara platta stycken utan också några som har ett tresidigt tvärsnitt, med träavtryck på båda långsidorna. Här rör det sig antagligen om bitar från en tätning av en större och bredare spricka.

Vad har hartsen använts till?

Då återstår den mest spännande frågan. Vad är det som har tätats? Uppenbarligen har det varit ett (eller flera?) större föremål med plana ytor och materialet tycks huvudsakligen ha bestått av trä.

Redan när de första platta hartsbitarna dök upp misstänkte vi att det var fråga om tätningar till en båt. Att påstå detta var däremot något helt annat och en sådan bedömning låg dessutom utanför vårt kunskapsområde. Fyndmaterialet var av en typ som stenåldersforskare normalt inte behöver fundera kring. Insikten om att dessa eventuella båtrester kan vara bland de äldsta som överhuvudtaget existerar gjorde också att tolkningen av hartserna från Huseby klev måste vila på så säker grund som möjligt. Vi tog därför kontakt med Danska Nationalmuseets Marinarkeologiska forskningscenter och även museets Skibshistoriska laboratorium. Båda avdelningarna ligger i Roskilde och har några av världens främsta experter på området. Glädjande nog var intresset från de danska kollegerna mycket stort och alla hartsbitar från Huseby klev överlämnades i deras händer.

Vad vet vi om stenålderns båtar?

Innan vi avslöjar varthän experternas tolkningar pekar skall vi se lite på vad man vet om jägarstenålderns båtar.

Världens första "urbåt" bör ha varit en trästock som fördes framåt med hjälp av händerna. Därifrån kan steget till att använda paddel inte ha varit långt. Man vet att det har funnits någon form av havsgående farkoster redan mycket tidigt. Ett indirekt bevis för detta är kolonisationen av Australien som ägde rum för mellan 40 000 och 30 000 år sedan. Även med en lägsta möjliga havsnivå måste färden över havet varit minst åtta mil lång.

Man tror att farkosterna från det äldsta skedet av stenåldern har varit flottar som byggts av trästammar, vass eller bark. Troligtvis har även skinnbåten funnits mycket tidigt. Om vi ser till Skandinavien så har båten antagligen funnits redan med de allra första, mer stadigvarande, innevånarna. På den 10 000 år gamla boplatsen vid Ringseröd (sidan 21) har båtarna nog varit av skinn. Urholkade stambåtar kan knappast ha existerat eftersom byggnadsmaterialet helt enkelt saknades. Alternativet till skinn skulle i så fall vara bark eller näver. Ungefär samma förutsättningar bör ha gällt under den äldsta bosättningen vid Huseby klev. Även om nya trädarter har börjat etablera sig vid den här tiden så har sannolikt ännu träd av större dimensioner saknats.

Båtfynd från jägarstenåldern

Vilka båtfynd från jägarstenåldern känner man till? Det allra äldsta beviset för att människor har färdats i båt är ett fynd av en smalbladig paddel från en boplats vid namn Star Carr i östra England. Boplatsen är ungefär samtidig med det äldsta skedet i Huseby klev. Europas äldsta stambåt är annars funnen vid Pesse i Holland och den har genom kol14-datering visat sig vara cirka 8 500 år gammal. Båten är 3 meter lång och, till skillnad från andra båtar från jägarstenåldern, mycket grovt utformad. Därför har dess funktion som båt ifrågasatts.

Annars är det i Danmark som de flesta stenåldersbåtarna har hitttats. Många har upptäckts i samband med torvtäkter under andra världskriget. Sammanlagt finns ett 50-tal kända stenåldersbåtar, varav 15 är från jägarstenåldern, och alla är tillverkade av lind. Detta skiljer dem från båtar från yngre stenåldern bland vilka båtar av en alstam är vanlig. Den mest välbevarade båten är från jägarstenålderns slutskede – den hittades på en boplats vid Tybrind Vig på Fyn. Det är fråga om en hela 10 meter lång båt som kunde ha en besättning på åtta personer. Förstäven är rundad medan akterpartiet har bestått av en separat akterspegel. Åtta stycken borrhål i durken visar var den aldrig återfunna akterspegeln har suttit. Båten är ett fint träarbete och mycket smäcker. Största tjockleken i botten är bara 3–5 cm medan sidokanterna är ännu tunnare och mäter endast 1–1,5 cm. En så pass lång och smal båt borde för stabilitetens skull vara försedd med uteriggare men det finns inget som tyder på att en sådan har funnits. Från Tybrind Vig finns även en del andra fynd som tyder på att man parallellt med stambåtarna använt sig av skinnbåtar.

Flera av Danmarks stenåldersbåtar har haft olika typer av defekter och skador som längsgående sprickor eller kvisthål. I försöken att laga skadorna kan man se spår av gediget arbete. Större hål har lagats med någon typ av lagningslapp av trä eller liknande material som fixerats med hjälp av snören. Med dessa har man via flera hål "sytt" fast lagningslappen och "skottet" för att till slut fixera på insidan med hjälp av en knut. Någon harts har däremot inte påträffats i anslutning till dessa stenåldersbåtar.

Kommer hartserna från Huseby klev verkligen från en båt?

I dagsläget återstår en del studier och analyser av hartserna och därför vill både vi och våra danska kolleger vara lite försiktiga när det gäller att uttala oss om vilken typ av båt som de har tätat – om nu detta överhuvudtaget är möjligt att avgöra.

Uppgiften är nämligen inte lätt. En näraliggande parallell är mysteriet kring hur bronsålderns båtar har sett ut. Trots att dessa finns avbildade i tusental på landets hällristningar, och dessutom förekommer i en mängd olika varianter, så vet man fortfarande inte hur båtarna har varit konstruerade. Forskarna har inte ens lyckats ena sig om huruvida båtarna har varit tillverkade av trä eller skinn. Hur mycket svårare är det då inte att bestämma båttyper som är flera tusen år äldre och där avbildningar dessutom saknas.

Enligt Ole Crumlin-Pedersen, Claus Malmros, Jørgen Dencker och Fleming Reick som har arbetat med hartserna från Huseby klev så pekar ändå avtrycken i en viss riktning. Det är mycket sannolikt att hartsbitarna, precis som vi misstänkte, verkligen härrör från tätningar till en båt. En viktig anledning är att hartsernas olika former, såväl som avtrycken av trä och snöre, stämmer väl överens med båttätningar som man har funnit på en annan plats. Det gäller ett gravfält vid Slusegård på den danska ön Bornholm. Inom gravfältet, som var från äldre järnålder, fanns inte mindre än 1 400 gravar. I cirka 45 av dessa hade de döda placerats i urholkade stambåtar av ek. Alla dessa båtgravar var från tiden 80–250 e.Kr. Träet i båtarna hade för länge sedan multnat bort men skrovet kunde fortfarande ses som mörka strimmor i jorden, och i 31 av gravarna hittade man olika typer av hartstätningar. Båtarnas längd har varierat mellan bara 2,8 meter och mer än 5 meter. Deras bredd mellan relingarna har ursprungligen varit mellan 0,80 och 1,10 meter. Sidorna har varit utvikta. För att behålla den utvikta formen har man satt fast spant och tofter tvärsöver urgröpningen. Den engelska termen på denna typ av båt är "soft dug-out canoe" och typen är känd på flera håll i världen. De är på intet sätt några klumpiga farkoster utan har i regel mycket tunna skrov. De har använts både i Ryssland och i Finland ända in på 1900-talet. Där har man använt sig av en aspstam som utgångsmaterial. I Finland går båttypen under namnet "esping". Det finns mycket som talar för att de platta hartsbitarna från Huseby klev har suttit på båt av liknande typ. Ett argument för detta är att träavtrycken i hartsen är av asp. De pollenprov som togs i de äldsta lerlagren visar att asp har växt i Huseby klev. Båten eller båtarna kan alltså vara tillverkade på boplatsen.

Med tanke på att en aspstam inte kan bli så tjock får dessa båtar ett mycket lågt fribord, vilket i sin tur ger ett dåligt skydd för havsvågorna. Bland annat av den orsaken trodde man länge att stambåtarna från Slusegårdsgravfältet hade haft ett extra bord på relingen som sytts fast och sedan tätats med harts. Den slutliga genomgången visade emellertid att detta inte var fallet utan samtliga hartser från Slusegårdsbåtarna har använts för olika typer av lagningar.

En viktig skillnad mellan hartserna i Slusegård och Huseby klev är fyndomständigheterna. I gravarna låg samtliga hartser till varje båt samlade medan hartserna i Huseby klev låg utspridda utan egentligt sammanhang. Därför behöver hartserna från Huseby klev inte nödvändigtvis enbart vara lagningar utan kan ha tillkommit primärt vid tillverkningen av båten. Frågan om ett eventuellt påsytt bord får tillsvidare lämnas öppen.

Många forskare anser att man under jägarstenåldern använt sig av både stam- och skinnbåtar. Med tanke på att utspända stambåtar av asp knappast kan ha varit speciellt lämpliga för längre färder längs kusten är en sådan teori högst rimlig. Under senare skeden av jägarstenåldern, när det fanns tillgång till enormt stora lövträd, kanske skinnbåten hade spelat ut sin roll, men om detta vet vi egentligen ingenting.

Figur 59 Ungefär så här kan båtarna från Huseby klev ha sett ut. En finsk motsvarighet som har använts ända in på 1900-talet är den s.k. "espingen". Teckning av Anders Andersson.

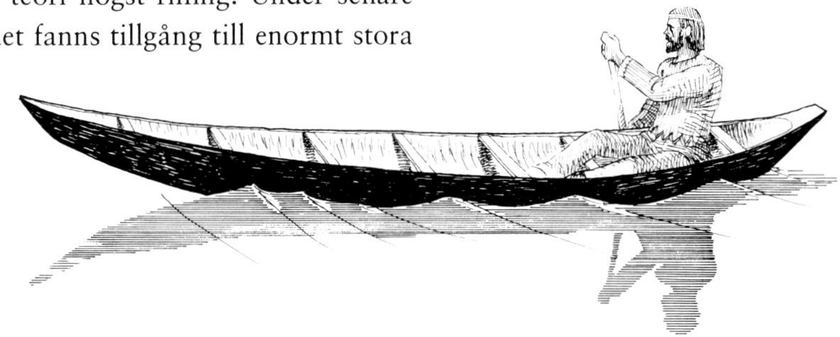

Pollen i leran berättar om växtligheten i Huseby klev

Till sist skall vi kort redogöra för de preliminära resultaten av de pollenanalyser som utförts på prover från olika horisonter i leran i djupa gropen. Dessa är gjorda av geolog Krister Svedhage.

Analyserna går till så att man med hjälp av ett mikroskop identifierar och räknar de olika slags pollen som finns i proverna. Analyserna ger en bild av hur växtligheten har sett ut vid Huseby klev under olika tidsskeden. I lerproven finns också små kiseldjur, s.k. diatoméer som kan berätta en hel del om havets salthalt, vattentemperatur m.m.

Proven från bottenleran, som är nästan 10 000 år gammal och från tiden före människorna kom till kleven, visar att växtligheten varit fattig med i huvudsak björk och inslag av tall. Diatoméerna från samma tid visar ett högt värde för högmarina arter vilket tyder på ett rikt vattenutbyte. Morlandadalgången var ännu ett sund som låg öppet för västerhavet. Något senare, men fortfarande före bosättningen, är det tallen som har tagit över men även hassel börjar att breda ut sig. Ännu lite senare när de första människorna har slagit sig ner vid kleven domineras växtligheten av hasselbuskar. Björken har återigen ökat medan tallen har minskat. Andra arter som förekommer är ask, al, alm, asp och *rosae* (nypon). Olika typer av gräspollen visar på en sluten vegetation med små öppna ytor. Ännu något lite senare sker en ökning av sötvattensdiatoméer som visar att vattnet precis utanför kleven var ganska bräckt. Detta är svårt att förklara på annat sätt än att nederbörden varit extra riklig under en period och att mycket regnvatten har kommit ut genom bäcken. För ungefär 8 500 år sedan, vilket ungefär motsvarar bosättningen vid "tältet", är hasseln alltjämt det vanligaste trädslaget men tall och björk är också vanliga. Nu ser man också en ökning av al, ask och alm – framförallt almen ökar snabbt, och ljungen börjar synas i pollenproven. I frömaterialet fanns som tidigare nämnts frön från vildäpplen. Dessa insektspollinerande träd hade bara kunnat ses i pollenproven om träden vuxit alldeles intill boplatsen. Detta tyder på att äpplena har plockats en bit bort från själva boplatsen. Från den senaste delen av äldre stenålder har vi ännu inga pollenanalyser men troligen kommer dessa att visa att Huseby klev var bevuxet med lövträd som lind, alm, ek och ask.

Avslutning

Alla funderar väl någon gång på hur det skulle vara att för ett kort ögonblick få förflytta sig bakåt i tiden. Arkeologer kanske oftare än andra. Om man fick den önskan uppfylld skulle man antagligen bli förvånad över hur många felaktiga tolkningar som gjorts. Bilden som skulle tona fram skulle förmodligen visa att även vi som sysslar med stenåldern har underskattat stenålderssamhällets teknik, komplexitet och kunskaper.

Minst lika förvånade hade säkert stenåldersmänniskorna blivit om de fick en glimt av hur Huseby klev såg ut idag, med ett torrlagt landskap, plöjda åkrar, små plåtlådor som i otrolig hastighet rusade fram i dalgången och kanske någon stor glänsande metallfågel högt uppe i skyn.

Om man fortsätter tankeleken och frågar sig vilken bild vi själva skulle möta om vi fick möjlighet att för en kort stund kunde blicka tusen eller tvåtusen år framåt. Med tanke på den enorma utvecklingen bara under de senaste trettio åren, med besök på månen, televisionen, trådlösa telefoner, datortekniken m.m. så inser man hur oerhört svårt det är att förutse vad som ska ske. I det tidsperspektivet bör man vara lite ödmjuk även inför framtiden.

Litteraturtips

För den som vill läsa mera om sten- och bronsåldern vill vi rekommendera följande böcker:

ANDERSSON, S. M.FL. 1988. Fångstfolk för 8 000 år sedan – om en grupp stenåldersboplatser i Göteborg. Arkeologi i Västsverige 3. Göteborgs Arkeologiska Museum.
ARTELIUS, A., HERNEK, R. & ÄNGEBY, G. 1994. Stenskepp och storhög. Riksantikvarieämbetet. Kungsbacka.
BURENHULT, G. 1983. Arkeologi i Sverige I. Wikens förlag.
BURENHULT, G. 1988. Länkar till vår forntid. Bokförlaget Bra Böcker. Stockholm.
KALIFF, A. 1995. Skenet från det förflutna. Arkeologi och myter i en bronsåldersbygd. Riksantikvarieämbetet. Linköping.
LARSSON, L. 1988. Ett fångstsamhälle för 7 000 år sedan. Boplatser och gravar i Skateholm. Lund.
LARSSON, M. M.FL. Överregionalt – regionalt. Sydsveriges stenålder speglat genom UV:s undersökningar. Riksantikvarieämbetet. (utkommer hösten 1995). Lund.
STEN OCH BRONSÅLDERNS ABC. Historia i fickformat. Statens Historiska museum. Stockholm.

Årtal	*Arkeologiska perioder*		*Klimatutveckling*
2 000	Nyare tid		Julitemp.
1 000	Medeltid		+10°C +16°C
	Yngre järnålder	Vikingatid	
		Vendeltid	
		Folkvandringstid	
Kr.f.	Äldre järnålder	Romersk järnålder	
		Förromersk järnålder	
1 000	Bronsålder		
2 000	Yngre stenålder (neolitikum)		
3 000			
4 000			
5 000	Äldre stenålder (mesolitikum)		
6 000			
7 000			
8 000			
9 000	Äldsta stenålder (paleolitikum)		
10 000			
11 000			
12 000			